围棋常型百例

沈果孙　徐荣新　编著

辽宁科学技术出版社

沈阳

前　言

大凡会下围棋的人，都知道"千古无同局"这句话。实际上，围棋的变化的确是永无穷尽的，这就给围棋抹上了神秘的色彩。

当一位高手走进一个大赛场去看棋的时候，他只需要在赛场里转一圈，就能做到心中有数——哪些选手的水平好一些。这又是为什么呢？

原来围棋就全局而言，确实是"千古无同局"，但每一局棋，却由许多个局部有机地结合而成。而对于每一个局部，又有着一定的章法。高手们就是看一看各个局部是否符合章法。他们见到的棋多了，对于各个局部可以一瞥而知。

读到这里，你也许又会觉得高手们的棋艺深不可测，其实并非如此。他们的上述本领，是借助于对棋形的熟悉。他们的知识也是平时一点一滴地积累起来的。

经常遇到的图形，简称"常型"，其中包括"定式""棋势"等。关于"定式"和"棋势"（即死活题）现在已有许多专著。但除此之外，还有许多未被"定式""棋势"包罗进去的"常型"。为了填补这方面的空白，我们将这些"常型"收集起来，写成《围棋常型百例》一书。

《围棋常型百例》以初、中级程度为主，适当配备高级和有段问题，这里的有段，是指职业初段。这样做，是为了引导读者由浅入深地理解棋理。

早在我国南北朝时期，梁武帝就写了《棋评》等书，对棋理进行探索。以后，历朝都有围棋专著。这些专著留下了许多棋谚和口诀。本书力图将这些口诀和具体的图形结合起来，以便于读者的理解和记忆。当然，有许多图形是找不到现成的口诀的，于是，我们就自己编了一些。由于水平所限，也许编得不好。因而，我们的尝试，也就带有抛砖引玉的意思。要集思广益，总得有人先起个头。如果有朝一日，能看到我们所列举的"常型"，得到了更形象的名字、更简洁明快的言诀，或者更进一步，有人能写出比较完美的关于"常型"的著作来，我们的心愿也就完成一半了。那么，还有一半呢？自然寄托在读者身上，目前AI能帮助我们学习围棋技艺，但也只是局限于局部和序盘，对于业余棋手来说，还有一个是否能消化吸收并正确实际运用的能力问题。所以，希望你读了这本书之后，切实能学到一点东西，那就是用棋理来学棋和下棋，可以举一反三地思考并解决一些遇到的困惑。

作者

2023年1月

目　录

第1例 龟不出头（初级）

问题图

黑白彼此互断，白先，能够吃住三个黑子吗？这是一种常用的手法，你必须走出一步好棋来。

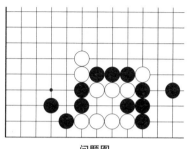

问题图

图一 （欲速不达）

白1扳，企图一气吃住黑子，结果被黑2、4连打，反而逃出去了。

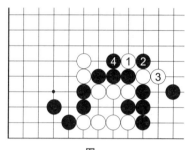

图一

图二 （续前图）

白5长出，双方走到黑12接时，黑子长出气来了。

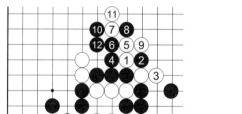

图二

图三 （正解）

白1长，虽然松了一气，却吃住了黑子，是正解。以下黑有A、B、C三种应法。

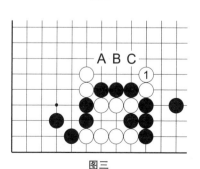

图三

1

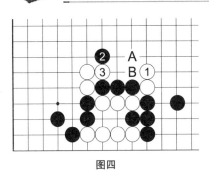

图四

图四 （黑死）

黑2跳，白3冲，黑即死。黑2如改在A位跳，白B冲亦然。

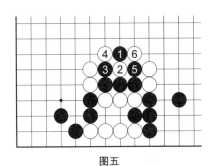

图五

图五 （白2是好手）

黑1在中间跳亦不能脱险。白2挖是好手。黑3冲时，白4打又是关键，到白6时，黑被吃。这个形俗称"龟不出头"。

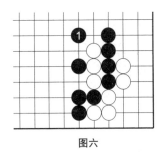

图六

图六 （另一型）

遇到这种情况，亦能吃住白子，黑1虚枷是关键。

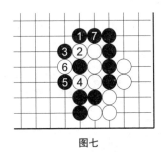

图七

图七

黑1枷后，也可形成"龟不出头"这类手法，入门的棋手都应当注意。

第2例 打劫要领（初级）

问题图

白1打，是常见的，黑应该怎样应呢？请假设你在对局中遇到这种情况时，不要将目光固定在这个局部。

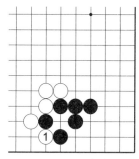

问题图

图一 （软弱）

黑1粘，是初学者易下的错着。自以为粘上安全，其实效率很低，白△与黑1交换，白得了便宜。将来黑A吃时，白B打，此时便可看出，白△发挥了作用。

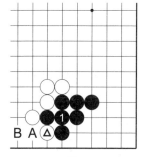

图一

图二 （无谋）

初学者的思路"不粘便打"。黑1打，无谋！白2提后，黑一时找不到适当劫材。

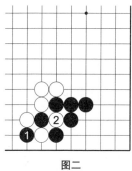

图二

图三 （续上图）

一旦白棋劫胜，白1粘后，黑△这个子便几乎成了废棋。

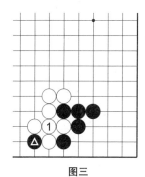

图三

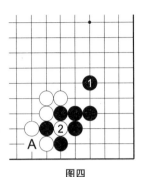

图四

图四 （正解）

黑1跳是正解，今后伺机在A位开劫。白棋如果马上在2位提一子，则现在的黑1，显然要比下在A位大得多了。

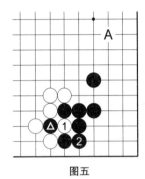

图五

图五 （解说）

白1提时，黑2粘又是软弱之着，因白以后如在2位吃，黑还可在△位提，进行劫争（情况和图二相同）。凡遇这种场合，黑不应当先补。现在正确的下法，应在A位开拆。对于初学者来说，要注意"凡是对方提劫后，情况不严重的劫，不应当慌忙去粘"。本题看来似平凡，其中却包含一条十分重要的诀窍。

第3例　倒脱靴（初级）

问题图

白先，你能吃掉被包围的五个黑子吗？
在本例中，将有一种十分实用的手法。

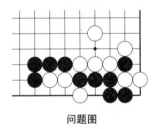

问题图

图一 （白死）

白1提，不得要领，被黑2打后，白棋就死了。

在这里无论如何都是白方少一气，怎样弥补少一气的缺陷，是解开本题的关键。

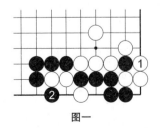

图一

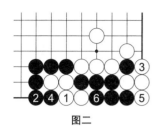

图二

图二　（正解）

　　白1粘是唯一的妙手，它虽不能长出气来，但设下了巧妙机关。以下黑2至6，吃住了四个白子，但是……

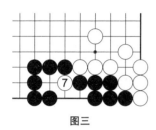

图三

图三　（倒脱靴）

　　白7反打，吃住了六个黑子！图二中白1之目的，是使黑子提子后多一个空格，白7方能乘隙而入。

　　这是一种基本手法，叫作"倒脱靴"，也称"脱骨"。这种手法在实战中是非常有用的。

第4例　金鸡独立（初级）

问题图

　　白△三子被围，怎样才能脱出困境？要注意利用黑方的缺陷。

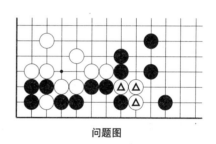

问题图

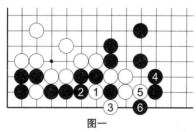

图一

图一　（无谋）

　　白1简单打吃一子，无谋。至黑6，白死。即使白子能活，这种下法也已经吃亏了。

图二　（金鸡独立）

　　白1打，击中要害。黑2接时，白3下立，使黑左右都不能放子，术语叫"金鸡独立"。请不要觉得这两步棋太简单，它其实是基础着法之一，很多复杂的变化往往是由此产生的。

　　"金鸡独立"在对局中遇到的机会比"倒脱靴"多。

图二

第5例　送佛归殿（初级）

问题图

白1断，无理。现在黑用什么办法可以吃住这个白子？

采用征子的手法，明显不能奏效。

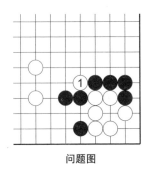

问题图

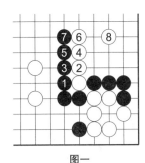

图一

图一　（拙劣）

黑1打、黑3压出头，手法拙劣。到白8后，黑下边三子虽然逃出，但右边四子却被吃，损失巨大。

图二

图二　（顾此失彼）

黑1打，利用征子的手法，应接至黑9冲，下边三子突破了白的封锁。但白10飞后，右边黑子又陷入了困境。

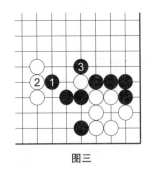

图三

图三　（一厢情愿）

黑1尖，指望白2粘，然后黑3吃住一子，不过这个方案显然是一厢情愿的。

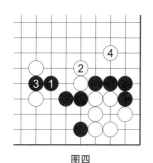

图四

图四 （转换）

黑1尖时，白2必定长，到白4飞，形成转换，结果白方有利。

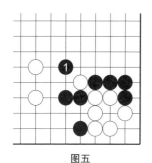

图五

图五 （正解）

黑1枷，关键之着。有此一着，白子就无法逃走了。这里的战斗到此结束。初学的棋手往往只注意征子，而忽视了枷的妙用。

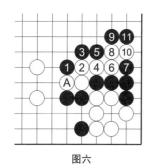

图六

图六 （示意）

白2如果逃出，则黑3、5追捕。黑7曲，是自己长气的关键之着，这样始终紧逼不让白长出气来，黑便护住了A位的弱点。这种手法在北方有一种俚语，叫作"送佛归殿"。

总结：在基本手法中除了"闷打""征"以外，请不要忘记"枷"。

第6例　靠单（初级）

问题图

包围黑子的三个白子有缺陷。怎样击中要害，吃住白子？

这是一种基本手法。

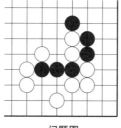

问题图

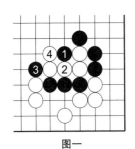

图一

图一　（俗手）

黑1打，俗手。被白2粘后，黑无法吃住白子，黑大恶。

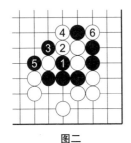

图二

图二　（转换）

黑1冲，也是俗手。以下黑3、5虽救出了三子，但白亦顺势走了2、4，白6打，黑右边三子被吃，白有利。

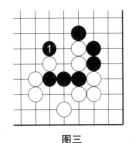

图三

图三　（正解）

黑1夹，或称"靠单"是要点。有此一手，白两子被歼。这类手法比"闷打"略进一步，仍为基础手法。

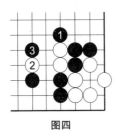

图四

图四　（推广）

"靠单"的下法是常见的，如图也是一种。懂得这种手法，白2就不会这样压出来，而必定会走3位的跳了。

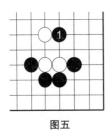

图五

图五　（再推广）

本型再推广一步，在吃不掉白子时，"靠单"也常用。本图中黑1仍是好棋。清代国手施襄夏的歌诀"单双形见定敲单"，即指此类。

第7例 疏密结合（初级）

A、B、C（黑先）在问题图A、图B、图C中，若黑在角上补一手的话，通常怎样补呢？这是一个常识性的问题。

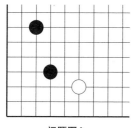

问题图A

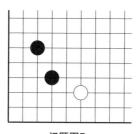

问题图B

问题图

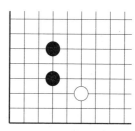

问题图C

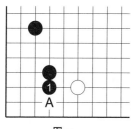

图一

图一 （A正解）

黑1叫作"玉柱补角"，它适用于大飞守角的场合。这步棋如果下在A位跳，角上就显得空虚了，白方侵入的机会较多。

图二 （B正解）

现在左角是小飞，如果仍走玉柱就显局促了。黑1跳是正着，它的优点是，A位如有黑子可在B位托渡。下边是白空时，可在B位托收官。

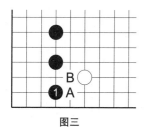

图二

图三 （C正解）

本图黑单关角和上图的小飞角有近似之处，因此通常和小飞应法相同。黑1是最常见的下法，有些场合也可考虑在A、B等处应对。

图三

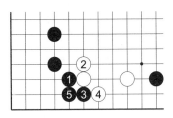

图四

图四 （场合）

在白方下边局促的场合，黑1尖顶后，扳粘十分有力。这种下法在黑单关角时最常见。小飞角时少见，大飞时不好。本题请记住"疏密结合"，便能应对自如。

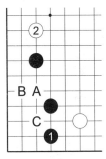

图五

图五 （解说）

在大飞守角时，黑1如果关应，则白2拦后，在A、B、C等处的侵入都很有力。

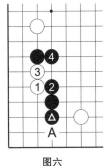

图六

图六 （差异）

玉柱补角的优点在于，白1攻入时，黑可采用2压、4退来抵抗，以后的进行白凶多吉少。如果黑△是在A位，黑4退的下法就不成立了。

第8例 象眼尖穿（初级）

问题图

黑1在二间低夹的情况下穿象眼，不是好棋。但如果对方这样下，你怎样应对呢？

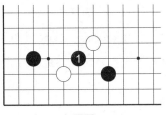

问题图

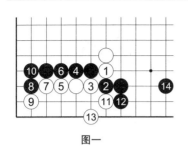

图一

图一 （无计划）

白1冲、白3断，是初学者易走的错着。乍看切断作战是当然的，但走到黑14，白角得空甚少，而黑两边都很坚固，黑优。

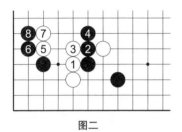

图二

图二 （俗手）

白1直接向外冲出，更俗。到黑4时，右方黑形极好。白5靠，对黑角并无多大威胁。到黑8止，黑角轻松成活，黑大有利。

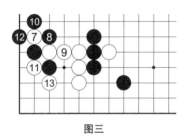

图三

图三 （黑优）

白7改用连扳，也不能扭转乾坤。黑8是最简明的下法，至白13止，黑两边得利，黑优势。

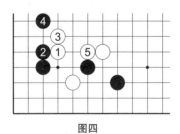

图四

图四 （正解）

白1飞，以柔克刚。白3先手长后，白5挡，白方得以联络，渡过了难关。黑最初穿象眼之着归于无效。

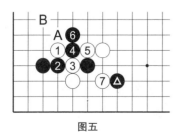

图五

图五 （转换）

白1飞时，黑2如冲断，则与原来穿象眼一子相矛盾。走到白7时，黑总要在A位或B位补一手。这个结果因黑方下边多一个效力不高的△子，白好。

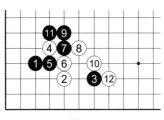

图六

图六 （参照）

这是一间夹定式，黑白各自俘获一子，两不吃亏。

黑方先手。图五中虽然也是各吃一子，但黑方又在△位下了一个不重要的子，使先手变成了后手。

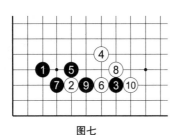

图七

图七 （过程图）

白4以"象步"来对付二间夹，是日本的本因坊秀哉首创的很有意思的一步棋，这时黑不能穿象眼。但如果有人硬要穿，清施襄夏在《弈理指归》中早已说过"象眼尖穿忌两行，飞柔制劲"，可作本型总结语。

第9例　立二拆三（初级）

问题图

白1尖顶后白3再跳，通常要在下边A位有白子配合时才用。

现在，下边空着，黑该怎样下呢？

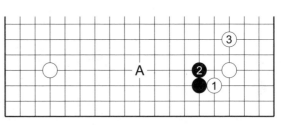

问题图

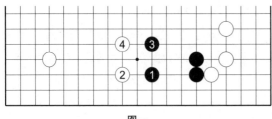

图一

图一 （黑局促）

黑1拆二，虽然保险，但过于窄小。白2拦后，黑3关补，形状局促，黑不满。

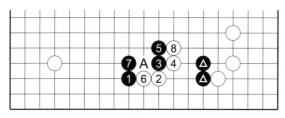

图二

图二 （黑破绽）

黑1拆四，虽宽敞，但和右边黑△两子已失去联系，白2攻入，应接至白8，黑受困。如果黑3走A位，白可8位飞出。

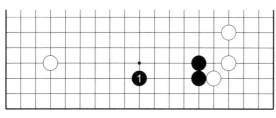

图三

图三 （正解）

黑1拆三，是宽窄适度的正着。围棋的最基本常识之一是"立二拆三""立三拆四"。

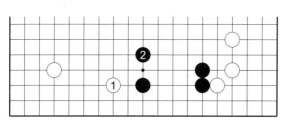

图四

图四 （黑好形）

白1拦，黑2跳补，要比图一开畅得多，黑拆三关起呈好形。相比之下，得失自明。

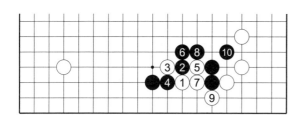

图五

图五 （安全）

白1如直接打入，黑2平凡压住，白方不可能有便宜。假如白3扳出，到黑10，黑方外面走厚了，白反而吃亏。

因此"立二拆三"是安全前提下的最大尺度。对于白方来说，由于不愿被对方走成"立二拆三"之好形，所以在下边空着时，总是不肯先尖顶。

第10例 单跳成形（初级）

问题图

黑1长，下一步要在A位断打，白应当怎样补呢？

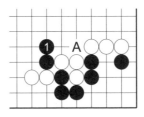

问题图

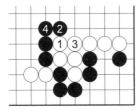

图一

图一 （最恶）

白1团是最不好的，被黑2打，白形大恶。黑4粘后，黑很厚实。

初学者要注意，切不可将棋子团在一起。棋子团在一起，不仅占地少，而且不容易求活。

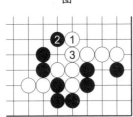

图二

图二 （凑着）

白1虎，虽比上图好些，但凑黑2先手尖顶，使黑二子得到加强，对白不利。

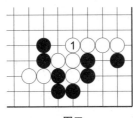

图三

图三 （退缩）

白1粘，虽简洁，符合"棋补宜净"的诀窍，但棋形干瘪，等于自行退缩，仍不是正解。

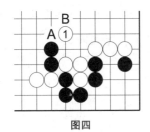

图四

图四 （正解）

白1跳，才是正着，这样白形就饱满了。以后黑如A位挡，白可B位长，白有利。而且情急时还可脱先。

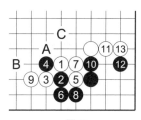

图五

图五 （过程图）

这是高目定式的一型，至白13告一段落。黑A长这手棋，通常单在B位跳。但如果先走A位，则白必在C位跳。

常遇到这种情况，不妨称为"防闷成形宜单跳"。

第11例　引征和絮征（初级）

这是一间夹脱先定式。白1挖，必须在征子情况"白有利"或"一般"时方可用。

但假设在征子黑方有利时，白1随手挖了，你将怎样对付呢？对角白方有子，称征子"白有利"，黑方有子称"黑有利"，双方均无子称"一般"。

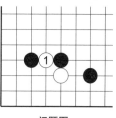

问题图

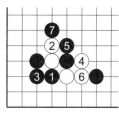

图一

图一 （正解）

黑1打、3粘，白4征吃时，黑5可逃出。白无法征吃，白方崩溃。

白6若粘，黑7打吃，白损失巨大。

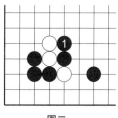

图二

图二 （参考图）

这时，白如在对角絮征子（但絮征要比引征难），不易得利。黑1补角得利甚大。

现在我们再来看一下引征和絮征的关系。"引征"是把己方被"征"的棋子引出来。"絮征"是创造条件"征"对方的子。

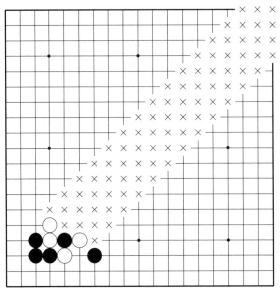

图三

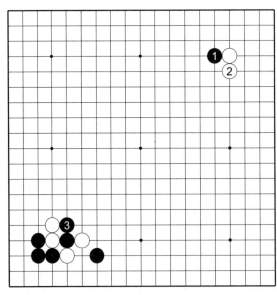

图四

图三 （征线）

角上产生征子，六条黑线为"引征线"，线上任何地方有黑子，均能起到"引"的作用。

如果远处有黑子，白方要"絮征"的话，却并不是六条线上任何一个点有白子就能起到"絮征"作用，只有中间四条线才有效。

这是从理论上说明"引征容易絮征难"。

下面请看实例。

图四 （完成了引征）

黑1碰，白2如长，黑方即完成了"引征"任务。黑3可逃出。结果如何请自己实践。

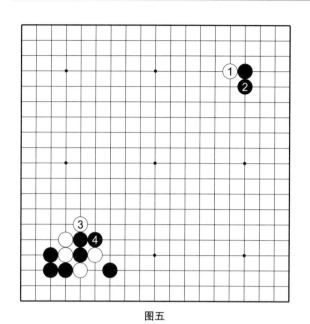

图五

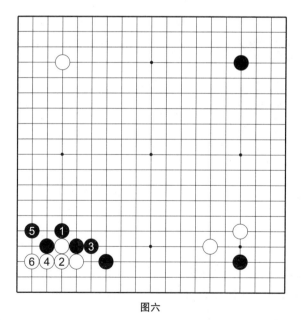

图六

图五 （未完成絮征）

白1同样碰，却未完成"絮征"任务。白3打吃时，黑4仍可逃出。

当然，有时一个位置同时既可"引征"又可"絮征"，这要看这个位置是否在中间哪三条线上。

图六 （教条）

在征子有利时，黑1仍在外面打，就是随手棋了。到白6是普通定式，黑方并无便宜。

小结：本型可说成这样两句话："三路挖出先看征，引征容易絮征难"。

17

第12例 二子头长（初级）

问题图

白1、3点角以后，黑方应当怎样下呢？

这是一个有关棋形的问题。

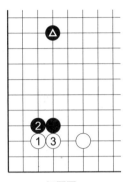

问题图

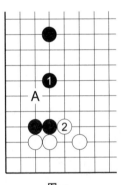

图一

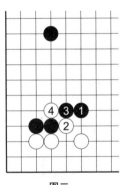

图二

图一 （软弱）

黑1拆边自补，过于软弱。白2虎起，棋形挺拔，而黑形反而显得很薄弱。

今后，白还有A位透点的手段。

图二 （危险）

黑1飞，不得要领。被白2虎，4断，黑方有一定的危险。尤其是在让子棋中，黑方更不知怎样措手了。

图三 （不舒展）

黑1飞后，白2即使脱先，黑也不好。

黑3长，虽然先手补了缺陷，但与白4交换后，黑1这个子显得很不舒展。从这里更能看出，黑1飞的缺点。

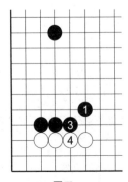

图三

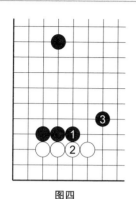

图四

图四　（正解）

黑1长是正着。白2粘也是简明的常用之着。黑3这时再飞，才是好点，这样黑右边阵营比较舒展。

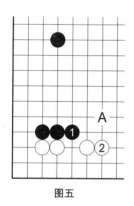

图五

图五　（参考图）

白2若这样补，黑方可以脱先。因为松了一气，A位的飞就不十分急迫了。本题中的黑1，应记住"两子必长"。这句话是从"二子头必扳"转化而来的。

第13例　猪嘴（初级）

问题图

黑先。本图中白方是活棋，黑收官时应该怎样下？请注意黑△一子的作用。

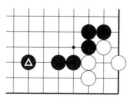

问题图

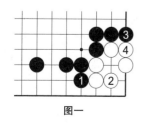

图一

图一　（粗）

黑1挡，按一般收官常识"二路总比一路大"，可是本型例外。白2补后，角上成了四目。

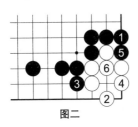

图二

图二 （细）

黑1在一路立，下法细腻，是正着。到白6后，白角只成二目。两图比较，黑净得1又2/3目。

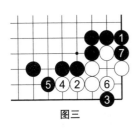

图三

图三 （劫）

黑1立时，白2如曲，黑3点入是要着。走到黑7白角成为劫杀。

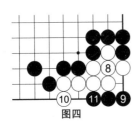

图四

图四 （续前图）

白8若粘，黑9长，形成"盘角曲四"，类似净死。

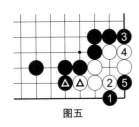

图五

图五 （小猪嘴）

在黑方未下手时，白方贪得官子先在△位曲，与黑△变换，就变成了有名的"小猪嘴"。黑先下手，1位点即成劫杀。所以这个型白是不能先在二路曲的，曲了要落后手。

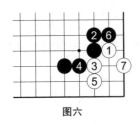

图六

图六 （过程图）

这是过程图。角上根据常识可看作二目，切莫看成四目，因为左下双方总会走子。小结：本型可叫作"猪嘴未成须先立"。

第14例　逢尖须压（初级）

问题图

黑1孤零零地打入拆三，虽不多见，但类似这样的打入，白2尖应却是常见的。黑先，应当怎样应呢？

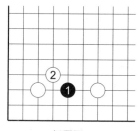

问题图

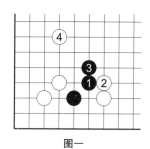

图一

图一　（黑软弱）

黑1尖，软弱。被白2挺、4补后，黑方三子有使不上劲的感觉。

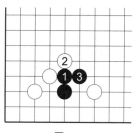

图二

图二　（愚形）

黑1挺，白2必扳。黑3曲，弈家之忌，这样三个黑子成为"愚形"，总是不利的。

图三

图三　（危险）

黑3扳，白如走A位退，黑B虎就开畅了，可是行不通。白4必断，黑相当危险。

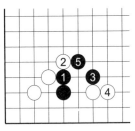

图四

图四 （正解）

黑1挺、3压是连贯的手法。白4如退，黑5虎，黑形舒畅。

其中，白4如于5位长，黑可4位扳。

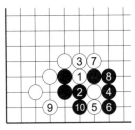

图五

图五 （黑优）

白1挖，急躁。黑2、4连打，形成转换，结果黑有利。

初学者有时会认为，能够弃子包打总是便宜的，其实这是错觉。

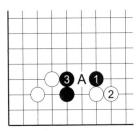

图六

图六 （一策）

黑1也可先压，白2退，黑3再挺，亦是一策。

黑3也可在A位退，黑子也比图一开畅。

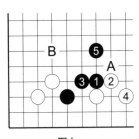

图七

图七 （黑好形）

白2若扳，黑3退，白4须补。黑5关后，留下A、B两个好点，黑棋很容易成形了。

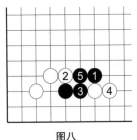

图八

图八 （白俗手）

白2压，俗手，到黑5接，白反而损了。

本型请记住"打入逢尖须用压，推敲挺与不挺"。

第15例　软头须扳，形方头觑（初级）

问题图

本图情况虽不多见，但类似这样的情况是常见的。黑先，应当怎样下呢？

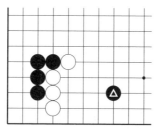

问题图

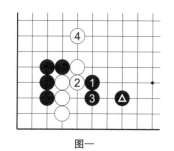

图一

图一　（白快速）

黑1点、3立，破坏白眼位，但被白4跳出，加快了速度。在通常情况下，黑不利。

黑1、3是周围极厚实时的特殊下法，不可乱用。

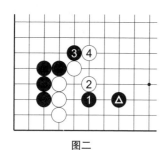

图二

图二　（白形畅）

黑1点，在这是凑着，白2虎，恰好！

黑3扳时，白4又虎，白形完整而开畅。

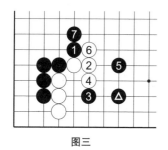

图三

图三　（正解）

黑1扳，要点。白2退时，黑3再觑，次序井然。

白4只得补，黑5关起，与上图相比，白方在自己虎口里填了一子，得失甚明。

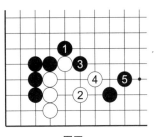

图四

图四 （白苦境）

白如走2位，防止被黑方觑。但被黑3一打，出头狭窄。黑5攻孤，黑有利。

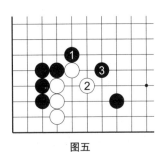

图五

图五 （封锁）

黑1扳时，白2若虎，被黑3飞罩，一手封锁，为棋家大忌。

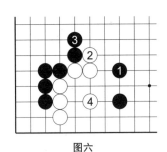

图六

图六 （活形）

黑方走对了扳头这第一手，可是没走对"点方"的第二步，被白4从容补上，白呈活形，黑方收不到攻击之利了。

遇到这类情况要记住"软头须扳，形方必觑"。它与"二子头必扳"有类似之处。

第16例　出头巧着（初级）

问题图

这是让六子的棋。黑1飞出，白2长时，黑应当怎样应对？

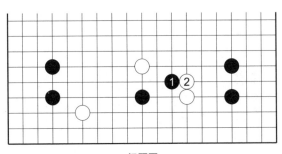

问题图

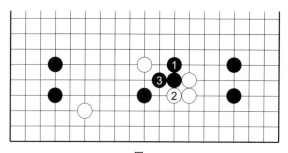

图一

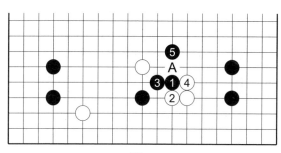

图二

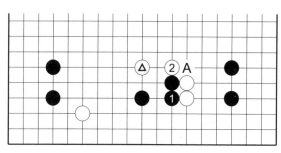

图三

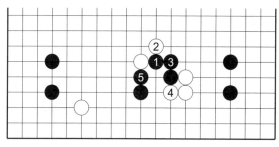

图四

图一 （愚形）

黑1长，虽是常法，在此却不适用。被白2曲后，黑3只能曲，使黑棋成为"愚形"，黑不行。

图二 （对比）

白方如果先走2长，黑3退，白4曲时，黑5跳出，方是好形。此时，谁也不会在A位曲了。

图三 （白舒坦）

黑1若下挡，黑形虽完整，但白2扳头与△子联络，白子十分舒坦。

黑若A位切断作战，由于是让子棋实力悬殊，黑棋不会占便宜。如果在对子棋中，周围是不会有这么多黑子的，所以黑1仍属不得要领之列。

图四 （正解）

黑1尖顶，是特殊场合的好手，仅适用于本型。

白2扳后，黑3团是关键，虽仍是愚形，但此时白也形成裂形。黑比图一出头畅些。且黑5后，白有断头须补，黑可在中腹先行。

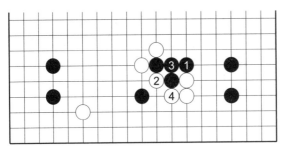

图五

图五　（失误）

上图黑3误走本图黑1虎，被白2打，4挡，黑一子被切断，中腹四子也浮起来了，损失不小。

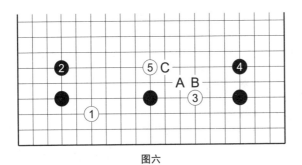

图六

图六　（过程图）

这是过程图。黑A飞出是积极的下法。以下白B、黑C是特定手法。不仅对让子棋适用，对子棋也适用。

这说明"特定下法飞后尖，出头较畅"。

第17例　相思断（初级）

问题图

白先。本图中下方△三子的形状是常见的，这样贴在白墙上是有缺陷的。但白方必须下出好手来。

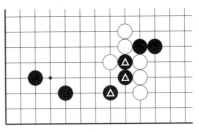

问题图

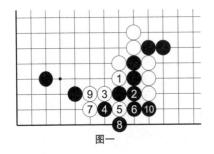

图一

图一　（俗手）

白1打是俗手。这样一打，被黑2粘后，黑的棋形就完整了。白3扳已无济于事。白5、7虽是好手，但到黑10后，边上三个白子被吃。

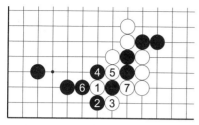

图二

图二 （正解）

白1靠后，3断是好手，这样黑两子就被吃通了。

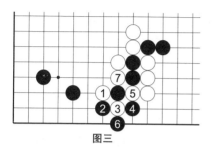

图三

图三 （参考图）

黑4这样打，也解决不了问题。白5断打，两子仍被吃。

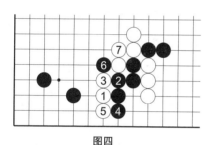

图四

图四 （变化）

黑2团，是愚形，这步棋有时能奏效，但在本图中却无用。到白7粘时，黑损失更重。

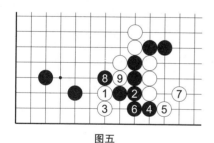

图五

图五 （抵抗）

黑2这样团，是最强的抵抗，但在本例中仍不成立。

白3立是好手，到9止，黑被杀。

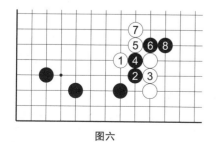

图六

图六 （过程图）

白1镇，形成曲尺之形，此时黑2、4强硬冲断无理。图二白1、3俗称"鸳鸯断"，或称"相思断"。

本型可总结为"曲尺冲断难，须防鸳鸯断"。

第18例 小尖防夹（初级）

问题图

黑3立，利用弃子以取势，这时白应怎样下？

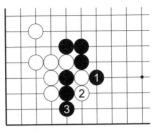

问题图

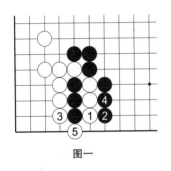

图一

图一 （平庸）

白1挡，是初学者易下的错着，觉得吃到三子就是便宜，其实不然。因为这三个子总是能吃到的，所以问题不在于能否吃到，而在于怎样吃。

现在，黑2以下至白5止，黑方得到了比较完整的外势。

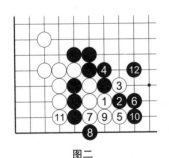

图二

图二 （俗手）

白1拐，俗手。黑2扳，白穷屈。白3时还要注意黑在9位滚打的变化。但黑即使在4位粘，走到12，黑外势厚实，白也不利。白1俗手切不可走！

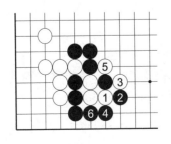

图三

图三 （滚打）

黑4滚打，可以救出三子，又将白打成"愚形"，是一种有力手段，黑在边上得了空，腹中三子就轻了。

由此可知，白1大恶。

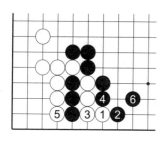

图四

图四　（正解）

白1尖是好手，黑2靠针锋相对，到黑6补后，白得先手，结果比上两图都来得好些。这种手法在对局中常能遇到，不妨记住"二路小尖，能防夹打"。

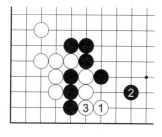

图五

图五　（参考图）

白1尖时，黑2飞是场合的好手，暗伏着在3位打，吃住白子的手段。白3补后，黑取得先手。

但本图中黑形较薄，因此白亦可满意。

第19例　着子要连贯（初级）

问题图

白1轻灵的着法，在高手的对局中是屡见不鲜的。这时黑2断，并不是好手，可是你若遇到对方这样下，怎么办呢？

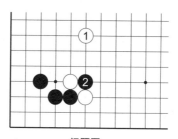

问题图

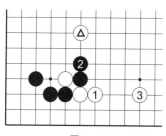

图一

图一　（错着）

白1退，和△毫无连贯性，是错着。

黑2长后，白△被割开，白显然不利。你如果这样下，问题图中的黑2断这步棋就变成了好棋。

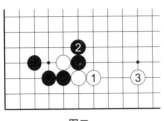

图二

图二 （参考图）

上方没有白子时，白1退是正着，至3是脱先定式一型。两者有别，不可用错。

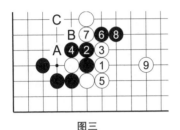

图三

图三 （正应）

白1打，3长是正着，迫使黑4抱吃一子。

白5粘，坚实。黑6扳出作战时，因左方白有A打，黑B、白C枷等手段，白充分可战。

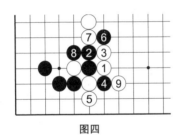

图四

图四 （黑亏）

黑4断打，是无效的。走至白9，黑4被吃，黑不利。

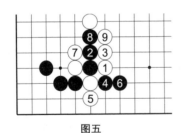

图五

图五 （黑大败）

黑6无理而强行，白7打后，构成征子，黑中间三子被吃，大败。

图六 （过程图）

这是小目高挂定式，按常法，黑7不应当断，而应如本图拆二。黑既不能断，白6便和2、4是相连贯的。黑A强断后，图一走法使白6这个子和下边不连贯了。而图二的走法，下方的子和白6这个子是相连贯的。连贯下不一定要粘接，但需发挥作用。本型可总结为"着子须注意连续"。

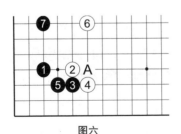

图六

第20例　点入双飞燕（初级）

問題圖

这是"双飞燕"定式。以后黑1拦时，白应当补一手。

白若不补，黑先，怎样击中要害？

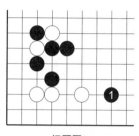

问题图

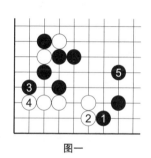

图一

图一　（失败）

黑1尖，是寻常的收官法，在此不适用。到黑5后手封白，有替人补病之嫌。

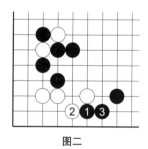

图二

图二　（不足）

黑1托，虽进一步，仍感不足。白2虎，角上已经先手活了。黑1仍是错着。

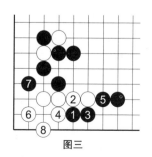

图三

图三　（正解）

黑1点。击中要害。白2只能粘，黑3退回，不但得官而且使白眼位缩小了。

白4、6求活，黑得尽便宜，有利甚明。

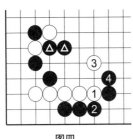

图四

图四 （变化）

白1、3逃出，黑4追击，正好发挥了△两子的威力。

其中白3如能在4位扳，出头可稍畅些，但仍是被攻之势。

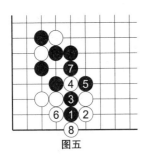

图五

图五 （白错着）

白2挡下，是错着。被黑3冲出，白4以下虽勉强渡过，但十分委屈。这是不能考虑的。

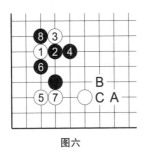

图六

图六 （过程图）

这是过程图。黑A拦时，白应当在B位或C位补一手。

请记住"双飞转换，其边已固。角上被拦，点着须补"。

第21例　倚盖忌压（初级）

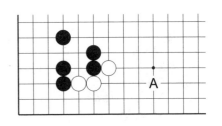

问题图

问题图

这是"倚盖"定式。此时白应在A位拆补。

此时白不补，黑先，应当在哪里攻击呢？

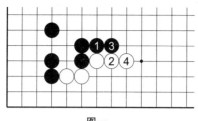

图一

图一 （失策）

黑1、3压，是初学者易犯之病，这样凑白补病，吃亏较大。即使在对方没有缺陷时，这样"压四路"也是不利的。

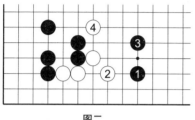

图二

图二 （嫌松）

黑1夹，虽是边上好点，但嫌松。被白2虎后，白形完整。以下白4跳出是出头的好手。

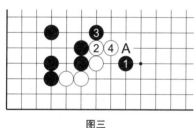

图三

图三 （正解）

黑1一间高夹是要点，白2挺时，黑3扳有力。白4只有"愚形"出头，以后黑收攻击之利。其中白2改在4尖，黑A位挡，白形更不好。

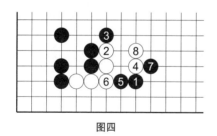

图四

图四 （一法）

黑1低夹，也是一法。但白2挺，4压后，出头较畅。因此黑1只能是场合的手段。

图五 （不成立）

在第14例中说过"先挺后压"的手法，但在本例中不能成立。

白4压，黑5挖，到黑7时，白不能在9位打吃，不得已在8位打吃。黑13长后，外势庞大。黑方断然优势。

本型需记住"倚盖不补，隔一高攻"。

图五

第22例 小飞须防跨断（初级）

白1挡后，黑棋是应当补一手的，今未补。白先，应当怎样下？

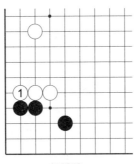

问题图

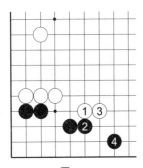

图一

图一 （失策）

白1飞、3长，意在取势。但被黑2长、4飞，黑得角亦畅。白失败。

图二 （乏力）

白1尖，被黑2退后，黑角已经稳固，白便乏力。白3如跳，黑4长，白棋反而留下了被冲断的缺陷。白大恶。

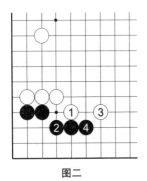

图二

图三 （仍不满）

白3扳，虽进一步，但黑4扳、6长，白撒不开手。到白7后，外势虽较雄大，但黑方先在角上成了十二目空，白仍不能满意。

图三

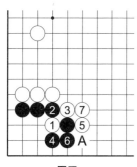

图四

图四 （正解）

白1跨，巧妙！黑2冲，必然之着。以后白3断、5打，直至7粘，白外势整齐。此后黑走A位，白暂时可不应。

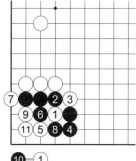

图五

图五 （滚打）

白3断时，黑4立是错着。这时，白5尖是关键。以下进行到白11，黑被滚打包收，失角且失眼，不利甚明。

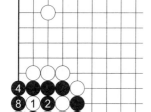

图六

图六 （失误）

白1夹，急躁，不得要领。以下黑2冲，白3打时，黑4不提而立。白5粘时，角上虽然成劫，但此劫白是二手劫，因此很难打胜。况且黑又本身劫材，劫胜后得角极大。

因此，白1夹与失着无异。

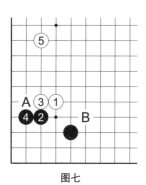

图七

图七 （过程图）

这是目外高挂定式，白A挡时，黑必须在B位补。

此型要注意："小飞须防跨断"。

第23例　尖与滚打（初级）

问题图

　　黑1立，是错着。白2挡后，黑角须补。如果不补，你能取得多大便宜呢？

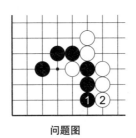

问题图

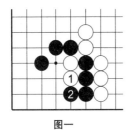

图一

图一　（错着）

　　白1贴，是最坏的一步棋。黑2曲后，角上等于帮黑补棋，白大亏。

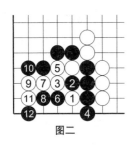

图二

图二　（非正着）

　　白1夹，比上图进了一步，它希望以滚打取利，但次序不对。白3打时，黑4可立下，变化到12时，白被吃。

　　其中白3如在4位打，黑3位长，白所得有限。

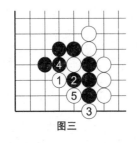

图三

图三　（正解）

　　白1尖，好手！黑2除此之外别无他法。白3、5就实现了"滚打包收"。

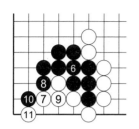

图四

图四 （结果）

黑6粘后，白7虎，到11还留有官子，几乎是先手破黑角空。由此可知，问题图中黑1立是不好的。

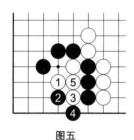

图五

图五 （黑败）

黑2如托，白3挖，黑被吃。

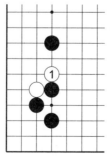

图六

图六 （过程图）

白4是场合定式。白8挡时，黑9尖是正着。到黑11后，通常情况是黑稍有利。

总结各图可称为"欲求滚打须虚尖，为防滚打休呆立"。

第24例　虎口遇扳常单退（初级）

问题图

这是二间高夹脱先定式。以后，白伺机在1位扳。

黑应当怎样应对呢？

问题图

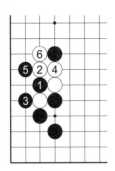

图一

图一 （呆板）

黑1打吃一子，是初学者思路呆板的下法。以后3、5走下去，被白4、6割开一子，白方成功。

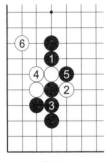

图二

图二 （不当）

黑1夹顶，把不是在这种情况下应采用的方法照搬过来，相当危险。白2打，黑3粘成为"愚形"，以后白方可选择的着法就多了。白4粘、6飞是一法，黑因自身断点较多，所以无法捉住这几个白子，黑不利。

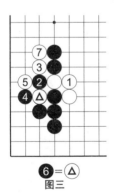

⑥＝△

图三

图三 （选择）

白方还可选择1位粘，黑2必定断打。白3反打后，走到7，白亦可战。白方可选择这两个图，更说明黑1夹是不中用的。

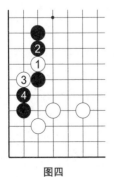

图四

图四 （参考图）

黑2夹的手法，是在这种情况下使用的。

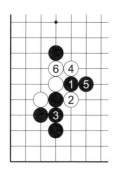

图五

图五　（凑着）

黑1连扳，似凶实劣，被白2、4两打，正好凑白行棋，黑大为不利。我们分析一下这个棋形。本来黑角是"虎口"之好形，现在再于3位下子，显然是十分难受的。

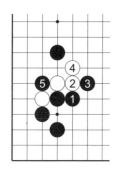

图六

图六　（白形恶）

黑1退，是正着。白2贴，俗手。经黑3扳，白4曲后，黑5再打吃一子，白形就变得很不好了。

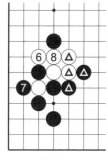

图七

图七　（续前图）

白6再行打下，到白8止，与图一相比，多了黑△二子与白△二子的交换。黑△二子的效力显然要比白△二子高得多。

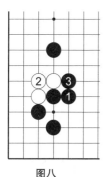

图八

图八　（续图六）

白2若粘，黑3曲，与图二相比，黑厚实得多了。

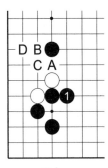

图九

图九 （正解）

黑1退后，白在此处一时无棋可下，"应不好时，应该不应"。将来伺机而动，是正解。

将来A、B、C、D等点都是可以选择的。

本图有一定的普遍性，不妨称为"虎口遇扳常单退，谨防被打自粘"。

第25例　角上点入（初级）

问题图

角上是活棋，黑先，怎样下便宜最多?

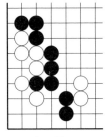

问题图

图一 （不得法）

黑1夹，虽是常用手法，但在本型中这样下不是正解。因为它未抓住角上白棋的缺陷。

图一

图二 （不可贪得）

白6立，犯了贪得之病。以下黑7扳成了先手，白官子反而吃亏。

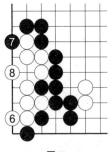
图二

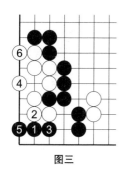

图三

图三　（正解）

黑1点是好手，白2只能粘。黑3先手退回，白4还得补活。以后黑5是从官子角度上说的一步棋，中盘时可先不下。

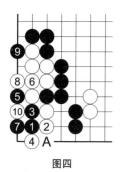

图四

图四　（白过分）

黑1点时，白2挡下是过分的。黑3断后，白已不能净活，到白10成为劫杀。

其中，白8如在A位粘，黑9扳，白吃黑三子时，黑可在10位粘，成为"刀板五"杀白。

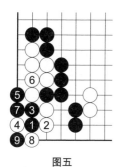

图五

图五　（劫）

白4用夹来抵抗，虽较巧妙，但黑5打、7粘后，仍是劫杀。

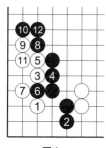

图六

图六　（过程图）

这是"四四"尖顶，单关守角后，白1点角形成的型。本型可总结为"角上收官要仔细，利用板五可得利"。

第26例 求活须夹（初级）

问题图

这是托"四四"小飞角走出来的，轮白方走，如果走得不好，活得很苦。但走对了，便有比较轻松的活法，你能走对吗？

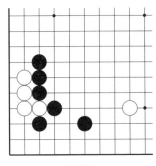

问题图

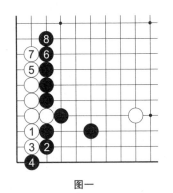

图一

图一 （无谋）

白1长，是最不费力的下法。但这样一来，以后就费力了。走到黑8，白在左边连爬两处二路，甚为不利。

图二 （正着）

白1夹是好手，它有助于在角上做眼，这是本型的一个要点。

黑2虎后到白5止，白在角上安然活出，显然较上图为优。

图二

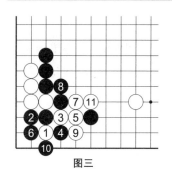

图三

图三 （转换）

白1夹时，黑2立稍嫌过分。白3断是要点，黑只能4、6吃一子。白7打是又一要点。到白11止，黑虽吃白数子，但白的下边虚空不少，黑并不占便宜。

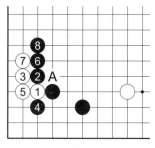

图四

图四 （过程图）

黑小飞守角时，白1托是常用侵分手段。白3时，黑4除本图走法外，还可在A位粘和5位打，都是正变。此时黑4打后就成本型。

小结：图二正着可归纳为"小飞托角夹后活"。

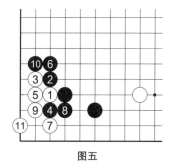

图五

图五 （先手曲）

过程图中，白7少爬一路便夹，黑10曲成为先手。白11必须补，否则黑在此处"点"，白即死。如图五所示，黑方占便宜。

第27例　方朔偷桃（初级）

问题图

这是二间高夹定式以后，黑△挡，白应当在A位补。此时，白未补。

黑先，你能走出好棋来吗？

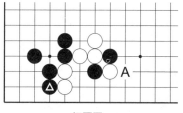

问题图

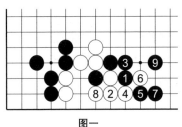

图一

图一　（无策）

黑1打，无策。走到白8，白方安定了，黑所得无几。其中白4，也可以在8位单补。这时白4曲、6断的用意是抢夺先手。黑9是须补的。

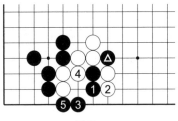

图二

图二　（正解）

黑1立，好手。白2贴紧气时，黑3尖，关键之着。到黑5渡回，在征不掉△的场合，白方崩溃了。

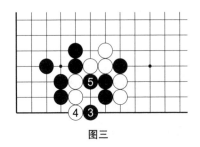

图三

图三　（白被吃）

白4如强挡，黑5断，利用"不入子"，长出一气，这是黑3尖的妙用。

这种在一路上尖，巧妙长气的手法是常用的。

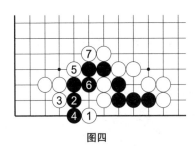

图四

图四　（方朔偷桃）

这是元严德甫等辑《玄玄棋经》中的死活题，"方朔偷桃"也是利用一路尖的手法获胜。这种手法十分常见，题名也很形象，说明古人对此体会颇深。

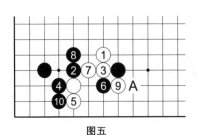

图五

图五　（过程图）

白如在A位补一手，便相安无事。

第28例　挡的方向（初级）

白3点"三三"时，黑有A、B两种着法。上边有△时，黑应当在哪边挡？

上边无子时，黑应当在哪边挡？

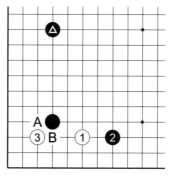

问题图

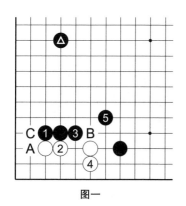

图一

图一　（正解）

黑1挡，方向正确，到黑5是定式一型。

这时黑下边形势与上边△配合恰好。

其中，白4也可在A位立，黑B挡，白4、黑C挡，亦是正变。

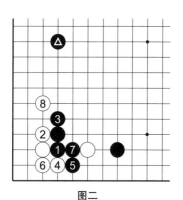

图二

图二　（不满）

黑1挡，方向错误。到白8虽然也是定式，但黑△有点落空，稍嫌不满。

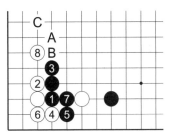

图三

图三 （正着）

在上边没有子的情况下，黑1挡，才是正着。白8跳后，黑可暂时脱先。

此后，A、B、C诸点皆可选用。

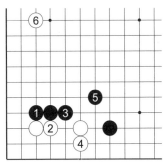

图四

图四 （落空）

在上边无子时，黑1在这边挡又错了。演变到白6，黑势落空。黑不利。

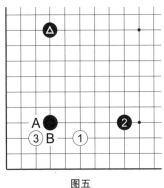

图五

图五 （相同）

在二间高夹时，情况和一间夹相同。也要根据有无△来决定A位挡，还是B位挡。

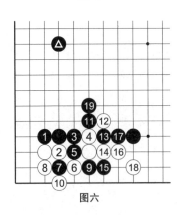

图六

图六 （定式）

这是二间高夹定式的一型，△子的作用是重大的。在没有△的场合，黑1切不可在这边挡。

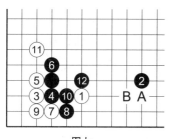

图七

图七 （一边挡）

黑2三间高夹，或A位三间夹、B位二间夹时，只能从黑4这一边挡，不宜被白1、3相连接。因为黑两方面的子相距较远，不便连接成势。

这一型不妨称为"一间二间高，两挡要推敲。三间与二间，不可让敌连"。

第29例　对付大跳（中级）

问题图

白1拦，黑2"玉柱"。白3是让子棋着法。这时，黑应当怎样应呢?

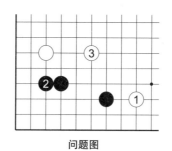

问题图

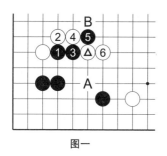

图一

图一 （中计）

白△大跳，不是正着。稍具水平的棋手往往看到欺着就生气，马上想要击破。于是，黑1跨，从中分开白子，结果正中白计。到白4时白外围整齐，黑5不得已切断。白6长后，黑留下A、B两处弱点，无法兼顾。

图二 （凑着）

黑1改在上面靠，白2扳后，黑3若在4位扳出，白只需A位打，黑3、白B，白即有利。因而，黑3只得退，白4退后，白仍有利。原因在于，黑子走在里面，白子走在外面。黑1、3是凑着。

图二

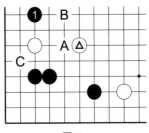

图三

图三 （方向）

白△是薄弱的，但攻击白△须从1位着手。黑1后，白子就露出缺陷来了。当初白△若在A位，白可走B、C位好点。这时，白棋不能"成形"了。不过，黑1亦可不急于走，而先行补角。

但黑方怎样补角？首先要明白白△大跳与正常的小跳之间的不同之处。

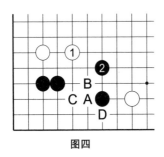

图四

图四 （参考图）

白1跳，是正着。这时，黑2跳应，平安无事。

此后，白如A位靠，黑可B位虎，白C、黑D、黑无恙。

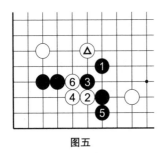

图五

图五 （突破）

现在，白方是大跳，黑1关应，稍有问题。不过，黑3虎却笨拙了，被白6冲出，黑破碎。

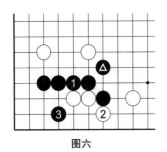

图六

图六 （黑亏）

黑1不得已而粘，白2扳便渡过了，黑3还得跳补。到此可看出黑△一子位置很不好！本图黑明显吃亏。

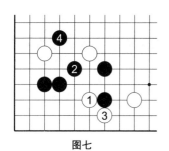

图七

图七 （转换）

白1靠时，黑2尖才是虚灵之着。以下白3板过，黑4飞罩，形成转换。白稍占便宜。

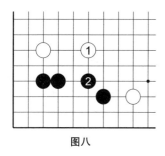

图八

图八 （冷静）

黑2补，冷静之着。黑方厚实之后，白的大跳就变得薄弱了。

在让子棋中，白子乱飞乱舞的棋经常有，不必马上去袭击它，有时冷静自补很有效。不妨称为"乱舞避其锋，我厚敌自弱"。

第30例 四路被断常虚跳（中级）

问题图

黑△挡嫌过分，被白1切断，先发制人。这时白角虽欠一手棋，但黑无暇杀白。

黑先，怎样处理为好呢？

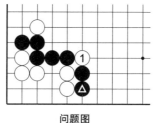

问题图

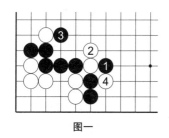

图一

图一 （打，俗）

黑1打，白2长，黑3必补，白4断后，黑穷屈。黑1打是俗手。

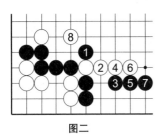

图二

图二　（亦俗）

黑1从这边打，仍然是俗手。被白连压数手后，8位跳是好点。据此可知，采用打的下法，往往自己先"出手"，反而被人伺机击中。

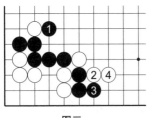

图三

图三　（离题）

黑1在强的一方补，离题！白2扳、4长，黑需爬二路，不利甚明。

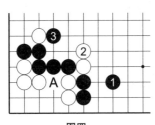

图四

图四　（正解）

黑1单跳，以逸待劳是正解。

让白先动这个子，黑再根据白动的方向来行棋，就可整形了。

白2长，黑3虎，这时，白在外面无严厉手段，只得在A位补，黑再在外面下子，仍然是先手。

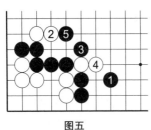

图五

图五　（要点）

白2如在这边长，黑3再打，黑就能占据到5位的要点。

白2如在4位长，黑就占据2位要点。

此型可称为"四路被断常虚跳，以逸待劳"。

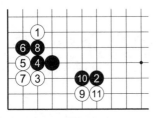

图六

图六　（定式）

这是定式，通常黑10不在11位挡。如在11位挡，存有断点，总不大好。

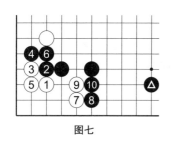

图七

图七 （参考图）

在单关角的场合，且有黑△接应，白1点角后，黑8方始靠下，至黑10成为定式的一型。此刻，白不宜冲断作战。但若无△，则作战对黑不利。

第31例 枷与弃子（中级）

问题图

黑1扳，白2断，本身都不是好棋。

但如果走成这样，黑应当怎样下呢？

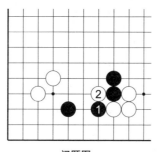

问题图

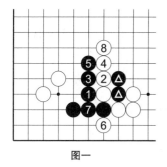

图一

图一 （俗手）

黑1、3打出是俗手，这是初学者易犯之病。结果白头高一路，黑△二子又被切断。白6打后，黑形重复，吃亏很大。

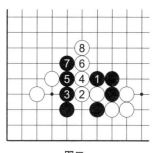

图二

图二 （不适用）

黑1曲打后，黑3以下顺势冲出，比上图思想性丰富了。但这种手法在本图情况下不适用。黑损失不亚于前图。

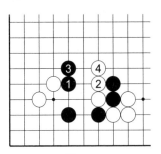

图三

图三 （松）

黑1靠，白2长，黑3长出头高一路，虽比上两图为好，但白4后，白形仍挺拔。

黑1允许白走2位，仍嫌松。

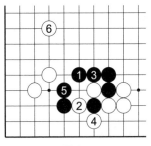

图四

图四 （不足）

黑1枷，好手。白2打时，黑3接却嫌急躁。白4提一子后，干净。黑5还需联络，白6拆二，黑仍感不足。

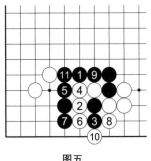

图五

图五 （正解）

白2打时，黑3立，才是和黑1相关联的好手。白4必粘，黑5以下步步紧逼，弃去两子，获"包收"之利。到11粘，与上图相比，厚薄有很大差异。

本题请记住"断子难征需用枷，二路必立"。这类下法在中盘战中用途较大。

第32例　拦逼单关角（中级）

问题图

黑先。白△拦，是让子棋中常见的下法。这时黑应当怎样应付呢？

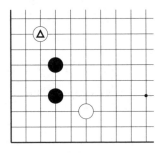

问题图

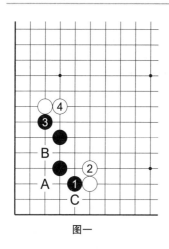

图一

图一　（俗手）

黑1尖顶，黑3再尖顶，初学者常用此法取守势，结果将白外围走厚了，黑角仍留有被白在A或B位点入的缺陷，即使在C位补一手，角上仍然不净。黑1、3是俗手！

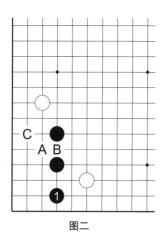

图二

图二　（弱）

黑1跳自补，且含有攻击下边白子之意，较图一为好。但由于左边留有白A、黑B、白C的侵分手段，黑尚未得到完整的空。因此，黑1跳嫌软弱。

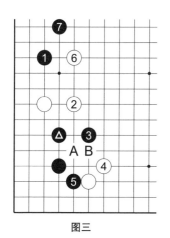

图三

图三　（正解）

黑1夹，是正着。以左上黑△为背景形成好形。当然这步棋也可在四路上二间高夹，两者各有利弊。

白2跳时，黑3跳是好形，这时不必怕白在A位点。初学者往往不敢走3位，而觉得B位保险。其实B位对左边白子影响就小了，而且黑三子棋形不好。

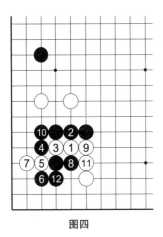

图四

图四 （黑安然）

白1马上来刺断，是无效的。黑2粘，白3、5冲断，黑6以下采用最简明的下法，白没有什么收益。

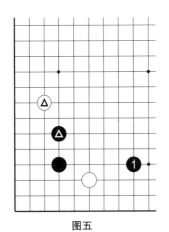

图五

图五 （棋理）

黑1在这边夹为什么不算正解呢？回答是这样的：①如果这步夹很严厉，那么黑在走△之前往往先在1位夹了。②如果下边很重要，白在走△时也就会在下边补。

当然这仅是棋理，实战的时候往往有例外的情况，在那种情况下，自然黑1要比图三中1夹更重要了。

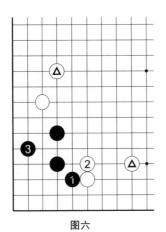

图六

图六 （场合）

在白外势厚实或周围配子较多的场合，黑1、3避免在子力不等的情况下作战，是明智的下法。

总结此型可称为"拦逼单关需夹击，不可随手尖顶"。

第33例　二路点夹（中级）

问题图

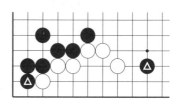

问题图

黑先。由于黑两边有△，这块白棋就出现了缺陷，下一手黑应怎样走？

这步棋无论从攻击还是收官的角度看，效果都是一致的。

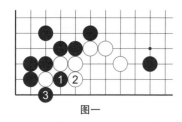

图一

图一　（随手）

黑1打，是一般情况下的常用手法，本身是一步大官子。但由于没有考虑整个白形的不完善，未击中要害。

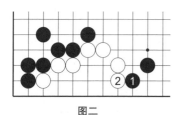

图二

图二　（凑着）

黑1尖，虽是常用的收官法，但白2挡后，黑替白补病，是凑着。

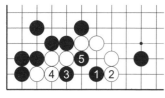

图三

图三　（巧着）

黑1点，巧妙之着，击中了白方弱点。白2挡时，黑3夹是连贯的好手，也是本图的关键。白4粘过分，黑5断后，白被吃。

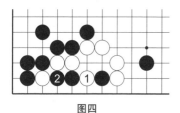

图四

图四　（正解）

白1挖，不得已。黑2打吃是先手，这样黑不仅得了官子，白眼位亦受到威胁。

图五 （危险）

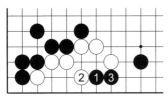

图五

黑1点入时，白2虎更不好，黑3退回，不仅得了官子，而且使白棋眼位更少，处于险境。

本题可称为"二路有夹可点入"。

第34例 攻守五法（中级）

问题图

白1挂，这时黑方除了夹攻以外，还有A、B、C、D、E五种应法较常见。采用哪一种合适呢？

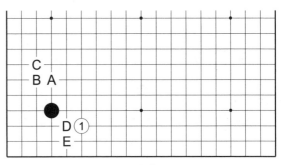

问题图

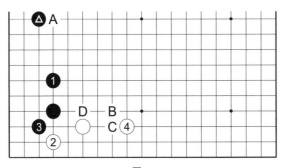

图一

图一 （适切）

在左边△或A有子时，黑1跳应，是合适的。这样可在左边构成比较饱满的阵营。至白4是定式一型。此后，黑有B位点、白C位应，黑D位压张势的后续手段。

图二 （扩张）

黑△单关，利于黑1、3扩张，到白6时，黑已可脱先，下方已经安然封口了。

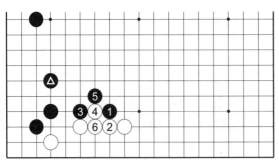

图二

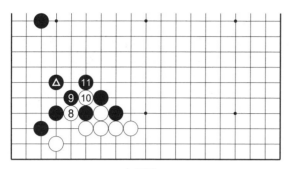

图三

图三 （续前图）

白8打，黑9、11正好封口，黑△恰到好处。

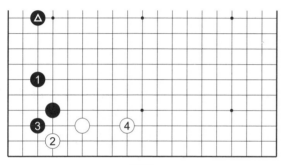

图四

图四 （干瘪）

在有黑△时，黑1小飞是不能满意的。不仅黑1与△之间显得干瘪，而且像图二和图三那样的下法不成立了。

黑1这个子的位置不宜从上方封白。其变化请自己验证。

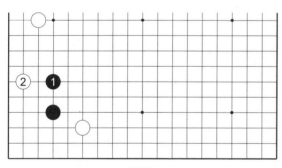

图五

图五 （漏风）

左边变成了白子，黑1就不太好了。因为此后白可以从2位侵入，这两个黑子围不到空。在日本术语叫"裙明"，就是下摆敞着的意思。

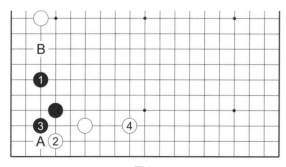

图六

图六 （适切）

这时，黑1小飞较适合，到白4是定式。此后A、B见合。

在左边是白子时，黑侧重于自守。

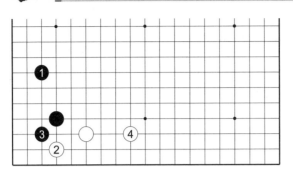

图七

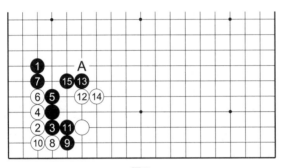

图八

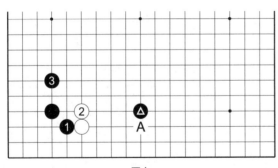

图九

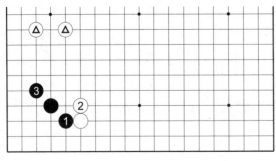

图十

图七 （黑优）

黑1大飞，在彼此无子时较常见。但这时也可走单关和小飞。白2飞入，不好。黑3、白4后，黑1宽了一条路，黑有利。

所以，大飞有阻止白马上生根的意思。

图八 （转换）

遇到大飞应时，白方正常的下法是2位点角转换，到15是定式。黑15也可走在A位。如果在白不宜这样转换的场合，黑1大飞，无疑是很合适的。

图九 （合适）

在右方有黑△子时，黑1尖顶，积极攻击，合适。到黑3时，白无拆地，黑△变得很有力。如果右边空着无黑△子，黑这样下不好，被白A位拆，白理想。

图十 （适切）

这时，上方白方较强，黑1尖顶是合适的。因为这时不是重攻，而是重守。

黑3必须走得很小，确保角上安全。

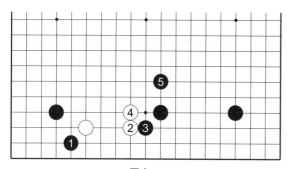

图十一

图十一 （适切）

在可以尖顶的场合，往往也可飞。

黑1到5是"高中国流"中常见的。在我国，很多棋手爱走黑1这步飞。

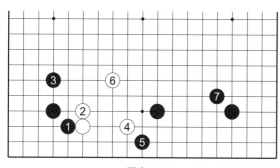

图十二

图十二 （棋风）

中国棋手中爱飞的较多，在日本棋手中爱尖顶的多些。"尖"和"飞"有时往往由棋风来决定。

本例普遍性极大，可称为"平淡应接皆寓理，不可信手"。

第35例　著名的欺着（中级）

问题图

黑一间夹，白飞压，是常见的。黑3远走拆二，却是有名的欺着。

这时，白应当怎样应付呢？请注意，黑3如走A位，本是无恙的。

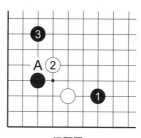

问题图

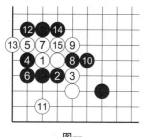

图一

图一 （中计）

白1至黑4，无可非议。但白5就贪得了，被黑8切断，生出种种手段来。不过要一眼看到底，尚需较深的棋力。

到15粘后，黑将怎样下呢？

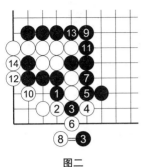

图二

图二　（黑胜势）

黑1冲、3断是好手，虽自紧一气，却保证了9位枷封！形成弃子。到白14时，黑先手取得"铁壁"，胜势已定。

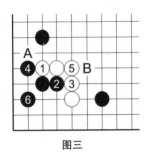

图三

图三　（正解）

白5不在A扳而粘（也可B虎），才是正着。大致两不吃亏！

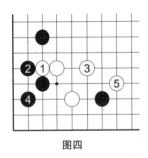

图四

图四　（同样）

黑2若马上扳，白3也以自补为是，走到白5飞，白并不坏。本型可记住"将破未破，及时退步"。这是对付欺着的常识。

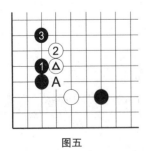

图五

图五　（棋理）

白△飞时，黑1若长，边上黑子安然无恙。又黑1若走A位冲断，也是常见定式。在黑方本来可以安然无事的地方，他却要送子给你吃，你就应十分慎重，不要指望一举歼敌。只要比常型稍有利一点就足够了。这是不成文的道理。

第36例 挤的巧手（中级）

问题图

　　这是"倚盖"点角后出现的。黑1、3连扳无理。这时，白有一步妙手，你能发现吗？

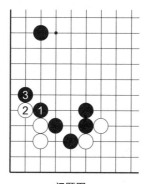

问题图

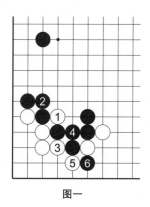

图一

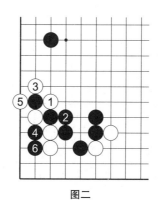

图二

图一 （俗）

　　白1打，先定型，俗。以后白3打、5渡时，黑6吃，白无良策。

图二 （黑优）

　　白1打后转换。在此时不适用，到黑6时，黑得角甚大。白四子还需补后手，白不利。

图三 （软弱）

　　既然上述两法都不好，初学者就会在1位虎，求活。

　　不过，这样太软弱了，黑2粘，4挡后棋形十分坚实，白大不利。

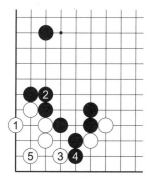

图三

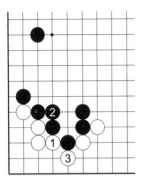

图四

图四 （白优）

白1挤，好手！保留两处可打，深得要领。

黑2粘，白3渡，白可满意。这是正解。

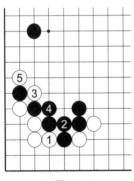

图五

图五 （白有利）

黑2在这边粘，亦不能解救。这时白角已强，可在3位打吃，至白5，白有利。由此可知，白1单挤是巧着。

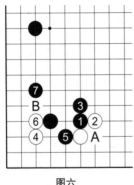

图六

图六 （过程图）

这是过程图。由于有图四、图五变化，黑7只能飞，或A位打，不宜在B位扳。

本图可称为"倚盖点角莫连扳，须防单挤"。

下棋时，可打不打而单走是一个要诀！

第37例　靠单手法（中级）

问题图

　　这是"双飞燕"定式中的"秀行型"。由日本藤泽秀行首创。白1跳后，黑应当怎样下呢？

　　这是一种常用手法。

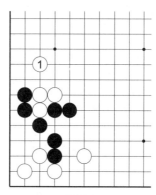

问题图

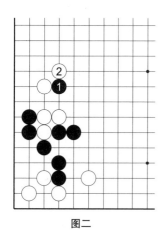

图一

图一　（白成形）

　　黑1曲，虽似要点，但尚未击中要害，白2跳后，白已成形。

图二　（要点）

　　黑1靠，是要点。这步棋叫"靠单"，是常用的基本手法之一。白2扳最强，以后黑应当怎样下呢？

图二

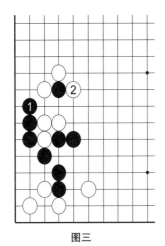

图三

图三 （黑大恶）

黑1长，不得要领，结果大恶。白2打吃后，十分厚实。走对了第一步，走不对第二步，比走不对第一步更坏，这种现象常能遇到。

有时下棋遇高手指着，指了一步，下面变化续不上来，结果大吃其亏。

所以，看变化也要看到底。

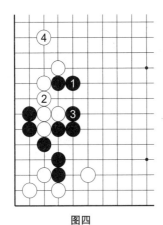

图四

图四 （平庸）

黑1长，平庸之着。白2粘，黑3曲时，白4飞补，基本获得安定。黑收获不大。

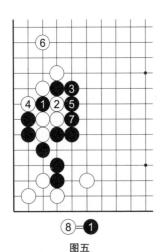

图五

图五 （正解）

黑1挖，是和"靠单"相关联的好着。走到白8，和上图的情况大不相同。现在黑中腹较厚，而白左边气已撞紧，此后黑将有种种利用。

所以，本图是正解。

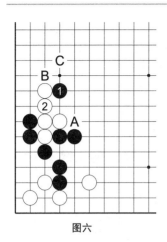

图六

图六 （凝形）

黑1靠，白2若粘，白已成愚形。此后，黑无论A或B、C等处下子均可考虑。

黑1与白2的交换，黑已有收获。

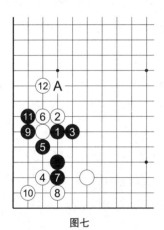

图七

图七 （过程图）

这是"双飞燕"定式，其中黑9是日本藤泽秀行九段力主的新手法，认为黑应当这样下。

本图可称为"单双形见定敲单"。这是常法。

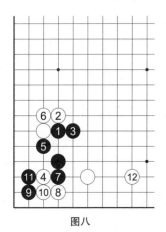

图八

图八 （旧法）

这是"双飞燕"定式的旧型。秀行认为黑不利。列此作参考。

65

第38例　愚形之筋（中级）

问题图

本题之型，是在让子的对局中，最容易见到的。轮黑棋走，怎样攻击这几个白子？

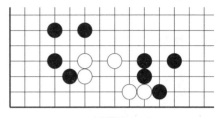

问题图

图一　（扳、弱）

黑1扳、3粘，这种扎实的下法，在很多情况下是好手。但在本图中却不够有力。因为现在白在A位补就活了。由于黑四周较为厚实，所以应考虑对白猛烈攻击。

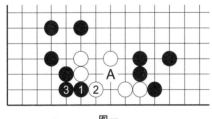

图一

图二　（次序误）

黑1点，在很多情况下也是常用手段，但对本型又不适用。因为被白2挡下后，黑1这个子成为送眼的棋。到白6止，黑再要攻白就很困难了。本图还不如图一，因角上官子大受损失。

图三　（愚形之好手）

黑1冲，和△两子形成愚形三角形，在通常情况下是犯忌的，因为这样子力发挥较差。然而在本型中却是有力的一手，它的用意是看白如何防守，再分别进行攻击。

白2如挡，黑3再点，和图二就不同了。应接到黑5止，白成为浮棋，须向中腹逃出，黑有利。其中白4走5位，黑走4位，白同样是浮棋。

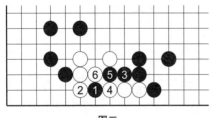

图二

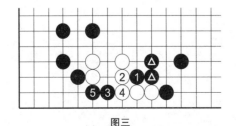

图三

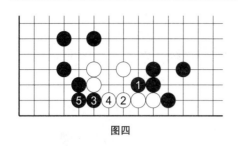

图四

图四 （变化）

黑1冲时，白2退，黑3、5扳粘，比图一直接扳好得多了。由于有了1和2的交换，白已自塞眼位，须向中腹奔逃。

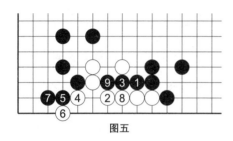

图五

图五 （紧追）

白2尖，虚晃一枪，这时黑若退缩在4位立，被白在3位挡，黑1就变成最坏的棋了。因此黑3冲，紧追不舍是正着。白4、6扳后，好像得了八目官子，但黑9卡后，白不仅无法做活，连上方的出路也变得狭窄了。所以在被让子时，不要怕像白2这样的"迷惑"手段。

举这个例子，旨在说明通常的手段在有些情况下是行不通的（以图一、图二为例）。而通常的愚形，有时却是好棋（图三可见）。什么样的形应当走什么样的棋，可以像记定式那样记，记得多了自然熟能生巧。

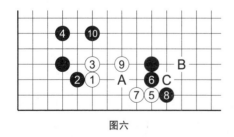

图六

图六 （过程图）

本型是常见的，它的过程图次序如下：下边是黑方的"三连星"，白1挂入，黑2尖顶后4跳。白5是让子棋中最常见的，黑6、8老实应付。白9稍有欺着之意，一般下在A位。

黑10后，白忙于在别处经营，就成了图中的情况。至于B位黑子有无，关系是不大的。加上一子，只是为了说明右下较坚固，C位不存在断点的意思。

第39例 大头鬼（中级）

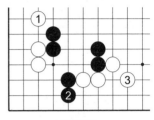

问题图

问题图

白1跳是坏棋，黑2立是"一箭双雕"的好手。白3补后，黑怎样才能捉住左边这只雕呢？请你考虑黑2的效用。

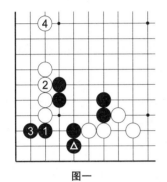

图一

图一 （不当）

黑1托，会下这步棋已有一定棋力，但它未考虑黑△的效用。白4后，黑不利。

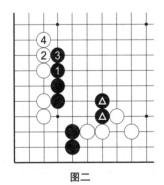

图二

图二 （失机）

黑1如压，虽能逼白4在三路上多长一手，但黑△二子局促，黑不利。

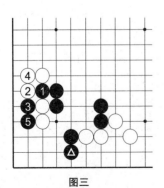

图三

图三 （正解）

黑1冲、3断是好手，到黑5时△起了作用，白二子被吃。但以后的变化如何，你能知道吗？

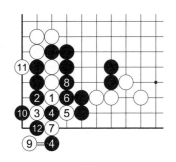

图四

图四　（劫）

白1长出、3扳时，乍看黑好像被吃了，不料黑有4断的好手，使黑绝处逢生。

白5吃时，黑滚打，到12成为劫杀。但是这种下法还不完善。

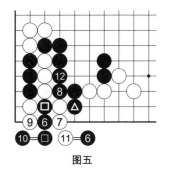

图五

图五　（蜡签）

黑6立，是更进一步的好手。走到12时△起了紧一气的作用，白被吃。

这个形，古时叫"蜡签"，日本称"石塔"，围棋月刊近年又称为"秤砣"，俗语叫"大头鬼"，无非是象形而已。

图六　（过程图）

这是一间夹定式走成的。其中白9随手，被黑生出10立的好手。白9正着应该在A位多长一子。

图六

图七　（大头鬼）

与"蜡签"相似的形，叫作"大头鬼"。黑1扳，白2曲时，黑3连扳是要点。到黑13接，白被吃。很多复杂的形状，都是以此为基础的。因此，只要记住"大头鬼"便可举一反三了。

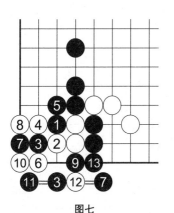

图七

第40例　台象生根（中级）

问题图

白三子之形是经常出现的，古谱称为"台象"（像一级台阶）。

这样一个曲尺型，白如何生根做眼？

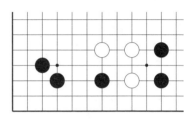

问题图

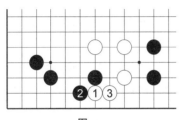

图一

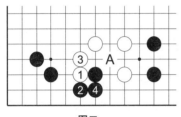

图二

图一　（不得要领）

白1托，是拆二生根的常用手法，不适用于本型。黑2扳、白3退后，白形不完善。

图二　（更坏）

白1这边靠，黑2扳，白3退，黑4粘，这个结果更坏了。白不仅没做出眼来，反而生出被黑A位尖断的缺陷。

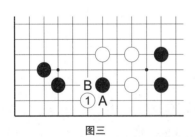

图三

图三　（好手）

白1透点，是生根的好手。有句棋诀叫"台象生根点胜托"，其中的"点"就是指这手棋。

图四

图四　（弃子法）

黑2如拦，白3长，利用弃子。到黑12时，白先手包打，成为好形，白成功。

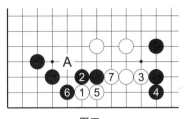

图五

图五　（一法）

黑2上压，也是常用手法。白3顶是苦肉计，这步棋是不肯轻易走的。到白7，白达到了"整形"的目的。

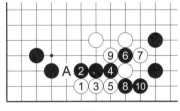

图六

图六　（强手）

这时，白3如直接连回，黑有4顶、6挖的强手。走到黑10时，由于黑左角坚实，白A位挖出无用。白不利。

如果在黑左角并不厚实的情况下，上图中白3是可以省略的。这样的话，二路点入这步棋就更生动些。

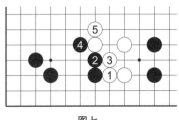

图七

图七　（题外）

白1并，也是常用手法。但它不是为了生根，而是在不宜用点入的手法时采用的，属于题外。清施襄夏在《弈理指归》中说"台象生根点胜托"，就是指白三子成曲尺这个型。根据图五我们再加"须防顶断"四个字。请记住"台象生根点胜托，须防顶断"。

第41例　跨入无忧角（中级）

问题图

黑1拆一是常用手法。白2跨时，以后的变化，你知道吗？请注意和黑1相连贯。

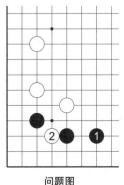

问题图

71

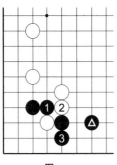

图一

图一　（立）

黑1挡，白2断是必然的，关键是黑3，有不少人总想这样立吧！但这步棋是不太好的。在角上白有侵分手段，但你必须走出好手来。

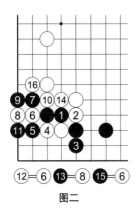

图二

图二　（白后手）

白4贴，大恶手，黑5扳后一切妙味俱消。以下白6断、8立虽是常用手法，在此亦似是而非。白16拐是后手，黑角目数大增，白吃亏无疑。

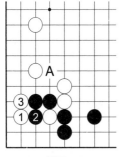

图三

图三　（好手）

白1点是好手。黑2屈服。白3拉回，不仅破了角空，而且贴紧黑气，牵制了A位跨出的手段，白有利甚明。

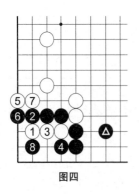

图四

图四　（绝妙）

黑2挡下抵抗，白3粘当然。黑4曲时，白5绝妙！黑6只得挡，白在左边可以完全封尽，白方有利。

从图三、图四可以看出，图一中黑3立是不太好的。因为它使△的效率降低。

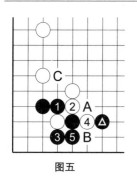

图五

图五 （常法）

黑3打是常法。白4打时，黑5粘，在下边虽受损，但黑△恰到好处。

由于A位有断点，不必顾虑白B冲下来。在角上黑护住了弱点，留有C位跨出的反击手段，是正解。

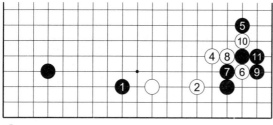

脱先　　　图六

图六 （过程图）

本型往往由星、小目布局偏割打型（如图）而成。对于本型可记住"飞镇无忧拆一时，跨断宁挨一打"。

图七 （附录）

本图是林海峰九段（执黑）对赵治勋七段对局的部分。黑"无忧角"被白飞镇后脱先，现在白1靠下有疑问。走到5时，黑6是好手。如果在12提，则白6位打，以下黑3、白13、黑7，就要如图四炮制了。

所以黑6长，弃角到13，评论者一致认为黑有利，因为局部白多两手，△的位置也不好。从本图可得到一些启发，加深对图四的认识。

图七

第42例　狮身之蚤（中级）

问题图

白1长，这三个黑子由于左边被白△逼住，比较薄弱。这时，黑应该怎样下呢?

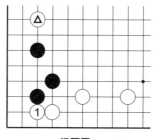

问题图

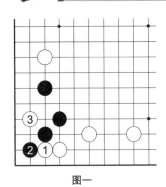

图一

图一 （讨厌）

黑2扳，随手。被白3点后，这个形很讨厌，黑很难应付。

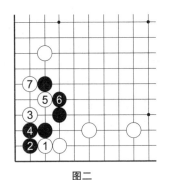

图二

图二 （黑受攻）

黑4粘，白5尖、7渡后，黑眼位被破，是受攻之形，黑不利。

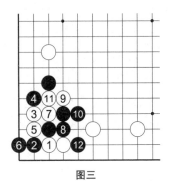

图三

图三 （转换）

黑4尖顶，虽是局部好手，但它必须在征子对黑有利时才成立。白5断、7打后，走到12成为转换，还勉强可算两分。其中黑6是妙手。

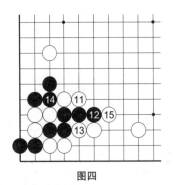

图四

图四 （征子）

如果征子于黑不利时，白11压、13紧气是好手。黑14如断，白15可征吃黑子。这样，上图中黑4尖顶的下法就不成立了。从这个图可以看出，图一中黑2位扳是危险的。

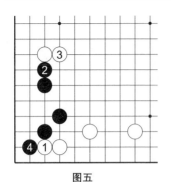

图五

图五 （场合手法）

黑2顶，在通常情况下是吃亏的。但如果白左上已十分厚实，同时又想使黑角活得简净，这种下法可算作场合手法（"场合手法"即特定场合的下法）。现在黑4扳，这块黑棋安定了。

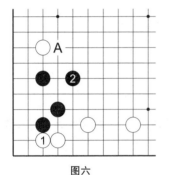

图六

图六 （正着）

黑2关补是正着，以后扳角即可活。白如立即破黑角眼，黑可在中腹连走。黑2少数场合也有在A位压的。

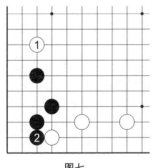

图七

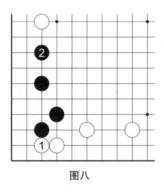

图八

图七、图八 （见合）

这两个图中的1和2，在日本称为"见合"，就是双方各得其一的意思。

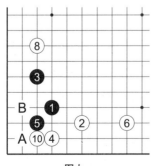

图九

图九 （过程图）

本型是这样下出来的。黑7、9连连脱先，白10时，黑如A立，则白B点。"B"这步棋在日本被称为"狮子身上的跳蚤"。犹如狮子见到跳蚤，亦无可奈何。本型可称为"见合不可失，须防狮身蚤"。

第43例　虚跳诱敌（中级）

这是定式中和侵分时均易出现的形。

黑先，应当怎样下？

请注意白方的棋形。

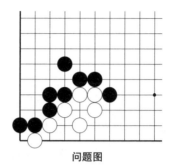

问题图

图一　（自补、松）

黑1虽是自补的好点，但偏于保守了。被白2逃出，黑失败。

这是未注意白方棋形的结果。

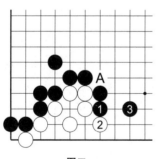

图一

图二　（俗手）

黑1贴，俗手。凑白2虎，黑3跳后，白已活净。黑尚留A位弱点，不利甚明。

黑1这类棋在任何场合都是不可取的。

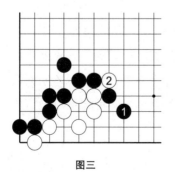

图二

图三　（乏力）

黑1尖，虽比上图贴好些，但显得有气无力，仍不中用。白可伺机在2位断。

这步尖。同样没有抓住白形的弱点。

图三

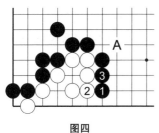

图四

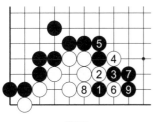

图五

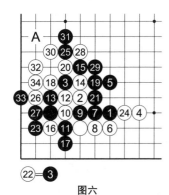

图六

图四 （正解）

黑1跳点，是针对白形的好手。

白2团，冷静之着。以下黑3或粘或于A位虎。都比上述数图好。

黑1跳点，是正解。

图五 （厚势）

白2冲，黑3挡后，白被迫走4、6位，起了帮黑走棋的作用。由于黑有8位的打，始终威胁着白棋，使白脱不开手。到黑9后，黑势厚实，这是黑1跳赖以成立的关键。

图六 （参考图）

这是一间高夹定式，轮黑方走，在A位跳十分严厉，可参考。据此可知，"撞气可摞打，虚跳最为宜。紧贴凑人虎，棋家一大忌"。

第44例 谨防滚打包收（中级）

问题图

这是"倚盖"定式中托角的一型。白1断后，应当怎样下？请注意和△的距离。

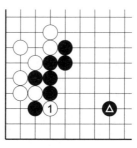

问题图

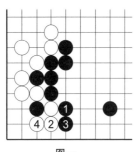

图一

图一　（平庸）

　　黑1、3打，弃掉角上一子，是十分平庸的下法，它没有考虑到边上黑子的作用，结果损失较大。

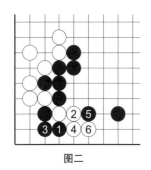

图二

图二　（大恶）

　　黑1打、3粘，企图利用边上黑子，但方法不对，结果大恶。到白6时，黑已无法应对。

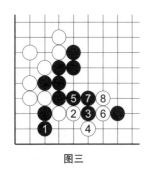

图三

图三　（转身）

　　黑1单立，虽比前图又进一步，但仍不完善。被白6、8转身，黑棋依然吃亏。

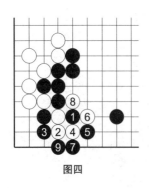

图四

图四　（正解）

　　黑1打、3挡，次序井然，使白无法脱身，形成"滚打包收"。这时边上黑子发挥作用了。

　　以下怎样全歼这团白子呢?

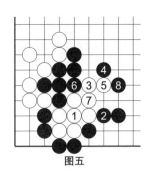

图五

图五 （续前图）

　　黑2顶，关键之着。白3尖出时，黑4虚枷，至黑8，白被吃，大亏。据此可知，上图中黑3挡后，白不宜再下了。

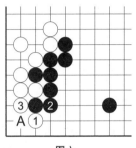

图六

图六 （收官）

　　由于黑有上述"滚打包收"的手段，从收官的角度看，问题图中白1断是不好的，应当在本图中1位夹。

　　这是黑"中位黑点"位有子时的特殊下法。其中白3也可下在A位。

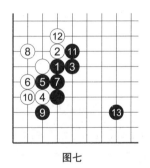

图七

图七 （过程图）

　　这是"倚盖"托角形的过程图情况。黑13补，就是照顾角上断点的意思。请记住"倚盖托角后，中位黑点有子不可断，谨防滚打包收"。

第45例　渡回弱子（中级）

问题图

　　左边黑棋是有缺陷的，但白1未击中要害。这时黑应当怎样下?黑2托，疑问手。但假使黑棋这样托了，你能走出好手来吗?

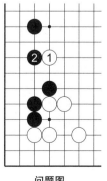

问题图

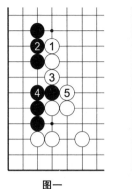

图一

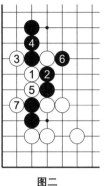

图二

图一 （白失策）

白1长、3顶，白5成了后手封头，白失策。

上图中黑2托的无理之着得逞。

图二 （白成功）

白1扳下，要点！紧接着白3打，令黑粘成"连三"是常用手法。至7吃黑两子，角上得空很大，白大成功。

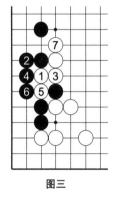

图三

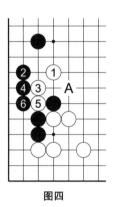

图四

图三 （白有利）

黑2立，退缩。白3粘后，到白7长，白棋形十分厚实，黑边空被最大限度地压缩。与图一相比，得失自明。

图四 （轻灵）

白1不是要点，这时黑2飞渡是正着。到黑6联络后，白上方尚有A位缺陷，即使再补一手也不如图三厚实。

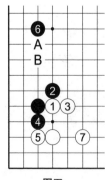

图五

图五 （过程图）

这是定式的过程图情况。黑6在A位开拆，较为常见。现在黑6多拆一路，棋形较薄，白可伺机在B位打入。由本型可知"弱子欲渡，斜飞通连。如用强托，暗伏危险"。

第46例 应付点压（中级）

问题图

白先。这时白方有多种应法，都是正着，但用意各不相同，你能尽述吗？

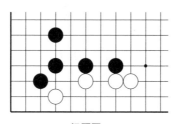

问题图

图一 （常型）

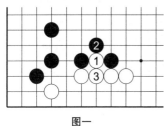

图一

白1挖，3粘是最常见的，这样下白很厚实，是针对黑在中腹成势的下法。

图二 （取势）

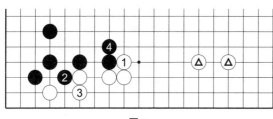

图二

白1曲，重点在右方取势。但在局部黑2虎、白3退稍嫌委屈，这种下法要以右边有子配合方宜。

图三 （得地）

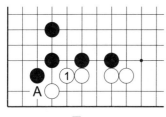

图三

白1长，是取实地的下法。此后黑A挡的价值变小了。其缺点是对黑中腹的影响较小。

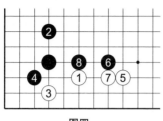

图四

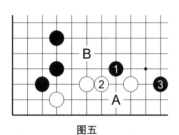

图五

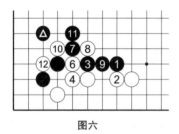

图六

图四 （过程图）

白1至5是最常见的定式。黑6、8是配合左上形势而采取的常法。在没有形势配合时，这样下往往是吃亏的。

此后白应法可归纳为"拆二点压取势，三种应法皆正。长得官，曲取势，常型却是挖后粘"。

图五 （参考图）

黑1点时，白2并，在本型中不宜采用。因为黑3后，有A位点的手段。

至于白2有时在B位跳，那是在白右下方极厚实的情况下的强手。普通场合不必考虑。

图六 （注意）

当初黑△如果是小飞就不宜采用点压的变化。因为白4后，黑需后手补棋。现在黑5脱先，白6冲出后，黑△和1、3不相连贯，留有缺陷，宜注意。

第47例 搜根攻弱子（中级）

问题图

这是侵分大飞角后形成的。

白1靠，很有欺骗性，黑应当怎样应呢？

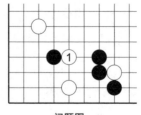

问题图

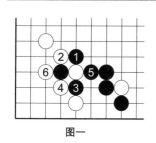

图一

图一 （中计）

黑1扳，随手。白2断后，黑3抱吃一子，看似稳当，其实正好被白滚打，到6形成劫争。劫胜后白得角极大，白有利。

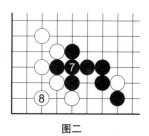

图二

图二 （凝形）

黑7如粘，黑成为凝形。白8虎恰到好处，得到了完整的角地，结果黑大损。

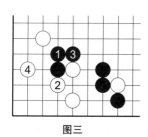

图三

图三 （白过关）

黑1退，虽避免了"滚打"，但白2虎是要点。黑3曲时，白4从容飞渡，顺利过关。

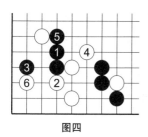

图四

图四 （作战）

黑3跳下作战，白4尖出，黑5压时，白6靠要紧。至此，白角已活净，而黑两面均未安定，黑显然处于不利地位。

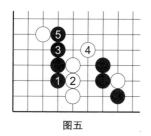

图五

图五 （正解）

"敌之要点，即我之要点"。黑1长，好！白2必须粘。以下至黑5，黑得角地，且取攻击之势，白苦战。

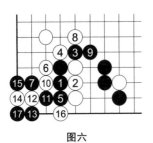

图六

图六 （过分）

黑1虽是好手，但黑3贪得，一着不慎，满盘皆输，前功尽弃了。黑5挡时，被白6扳，做成"大头鬼"杀黑。

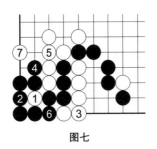

图七

图七 （示意）

白1以下续前图的变化，作为示意。

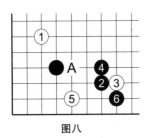

图八

图八 （过程图）

这是过程图。白A靠出，并非好棋。对于这一类的棋可记住"两处弱子须搜根，不许通连"。

第48例 靠单顶单退（中级）

问题图

这是托无忧角以后的形，白1顶是要点。

黑方应对妥善是没有问题的。但应得不好，就会吃亏。你打算怎样应呢？

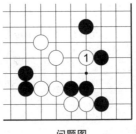

问题图

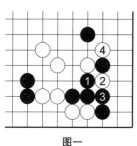

图一

图一 （失效）

黑1顶，不仅是愚形，而且不中用。

白2断，巧妙！黑3只能吃，白4就顺势打下去了。

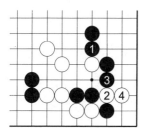

图二

图二 （失败）

黑1这边顶，同样是错着。白2断，关键！至白4吃得黑角，黑大亏。

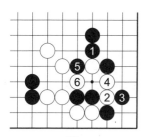

图三

图三 （倒扑）

黑3在下方打，白4长后，黑不能入气。黑5只有挖打，白6是妙手，黑方二子形成"倒扑"。

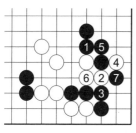

图四

图四 （疏忽）

黑1顶时，白2扳，疏忽，被黑3粘后，黑7断，妙手。黑反而安然无恙。

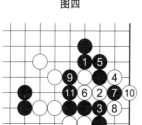

图五

图五 （白被吃）

白8如继续强行，遭到黑9包打！角上白棋无法求活，白大败。

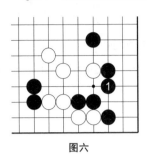

图六

图六 （正解）

黑1退，才是正着。这样黑可确保无事，但白棋也加强了自己。彼此得到最佳结果。

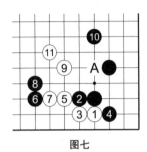

图七

图七 （过程图）

自1至11，是托"无忧角"后的常见之型。白在A位靠后的变化，不妨称为"要点被靠，两顶皆谬；向角单退，方是本手"（本手即安守本分之着）。

第49例　三路腾挪常碰撞（中级）

问题图

本型中白方是有弱点的。

黑先，应怎样下？

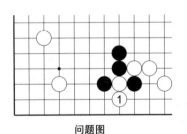

问题图

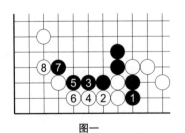

图一

图一 （失败）

黑1直接动出，不能成立。白2曲后，得到通连。

黑7扳时，白8反扳强手，守住了角地。至此黑一无所获，徒存孤子而已。

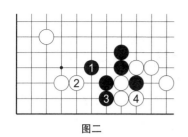

图二

图二　（平庸）

黑1自补，不得腾挪要领。

被白2并后，白角已固。 黑3挡下，白4顺手补净，黑成被攻之势。

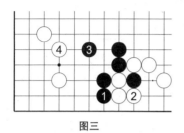

图三

图三　（仍缓）

黑1挡、3跳，棋形虽略好些，但与上图仍属同一范畴。只注意自己补棋，不注意白方的弱点，是出现缓手的根本原因之一。

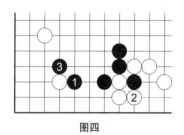

图四

图四　（正解）

黑1碰，抓住了白方的弱点。在黑左边有子接应后，再在2位挡即可吃去白二子。

白2如补，黑得到3位扳，这块黑子就容易处理了，且破了白的角地，是正解。

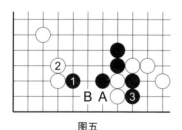

图五

图五　（黑满意）

黑1碰时，白2长，黑在角上虽然付出了代价，但黑3挡吃住白二子（白如在A位拐，黑恰好在B位虎住），结果显然黑棋便宜。

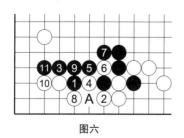

图六

图六　（变化）

黑1碰后，白2如曲，黑可考虑在A位虎。这时直接在3位扳亦可。总之，种种变化黑可以选择的图较多，易达到腾挪之目的。

棋诀曰："三路腾挪常碰撞，变化须当保留。"

第50例　打入拆三（中级）

问题图

在黑△两子的威胁下，白方拆三已很不安全，是应该补的。现在白方硬不补。

黑1打入后，白棋采用2托，求腾挪，你将怎样攻击呢？

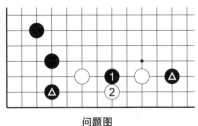

问题图

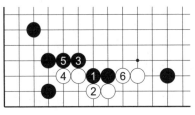

图一

图一　（俗手）

黑1顶，是俗手。被白2安然渡过。至白6，黑一无所得。

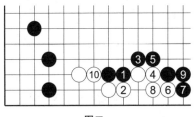

图二

图二　（大同小异）

黑1向这边顶！与上图大同小异。在这种情况下，凡顶都是俗手。

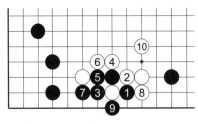

图三

图三　（方向误）

黑1扳，手法对了，但方向错误。白2断后，收到4、6之利，再于10位补，白平安过关。

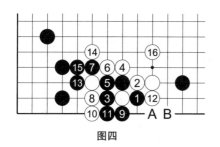

图四

图四 （白有利）

黑7断，虽可吃住白子，但白8、10之后，收尽包打之利。白16补后，尚有A、B的先手。白弃子大获成功。

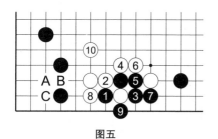

图五

图五 （黑弱）

黑1扳虽正确，但黑3打却弱了。白4、6以后到白10安然运转，角上还留有白A点，黑B接，白C挡的余味。白生动。

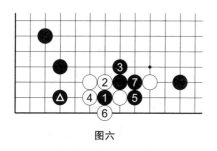

图六

图六 （正解）

黑3长，关键之着！白顿时陷入困境。白4如吃，黑方弃去一子。当黑7将右边白子割开时，△位黑子恰到好处，使白成为仅有一眼的孤棋。

白4如在5位退，黑即在4位连回一子，白成为两面受攻之形，必死一边无疑。

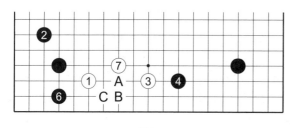

图七

图七 （总结）

通常黑6跳时，白7当补。若被A位打入，白B托，黑C在自己厚实的一方扳下，白难应付。不妨称为"凡遇两面拦，拆三已不安。打入扳厚处，弃子得一边"。

第51例 点入拆二大飞（中级）

对于这样的型，黑先，应当怎样下呢？请注意白方是大飞。

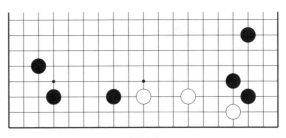

问题图

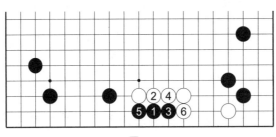

图一

图一 （方向错误）

黑1点入，方向有误。白2是稳健下法，行进到白6，黑左方有缺陷，黑并不便宜。

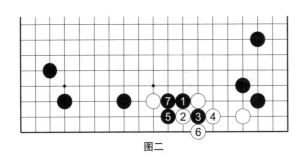

图二

图二 （转换）

黑1碰、由于右方白是大飞，这样碰并不好。到黑7时，白先手安定，黑所得不多。

图三 （俗手）

黑1尖、3顶，想围中空，是俗手。这种下法通常是不可取的，只有在很特殊的场合才能用。

图三

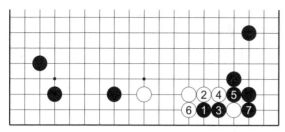

图四

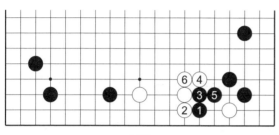

图五

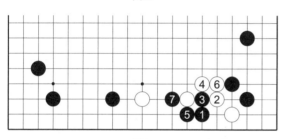

图六

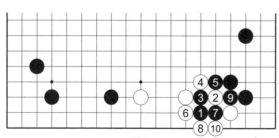

图七

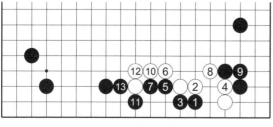

图八

图四　（常型）

黑1从这边点，是正着。走到黑7。得到相当多的实空。白边上虽厚，但对黑方无影响，黑有收获。

图五　（白后手）

白2挡，错着。走到白6时，白落后手。

图六　（白无理）

黑1点入时，白2尖无理。通常是不会奏效的。黑5曲，关键之着，行进至黑7时，白失去了眼位，左边一子也被割开，白大为不利。

其中白6若于7位长，黑可6位断，吃住白子。

图七　（过急）

黑5断，操之过急。被白6挡下，黑7不得已打吃一子，被白8、10"滚打包收"，与图四相比，角上目数出入很大，黑反而吃亏了。

图八　（场合下法）

黑3长，是强硬手段。白4好手，走到13时，黑落后手。白虽有势，却眼位不全。如黑全盘较厚，可展开缠绕战术，这种下法可考虑。

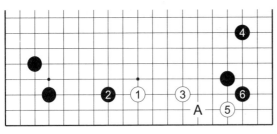

图九

图九 （过程图）

这是星、小目布局"中间割打型"最容易出现的形状。

这种拆二加大飞的形，在大飞一方透点，属于常用手法。可记住"拆二大飞飞内点,吃住一子"。

第52例　遇扳尖挡（中级）

问题图

这是黑星白大飞挂后，黑方脱先的定式。

此后白有A、B两种下法，黑怎样应付呢?

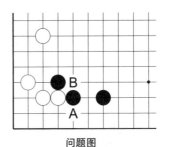

问题图

图一 （低效）

白1扳，黑2粘，三子排成一行，效率很低。且眼位不足，一旦被白在A位逼很不安全。

像这一类的粘，无论在什么场合都不会是好棋。

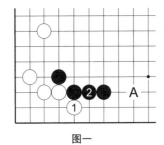

图一

图二 （不安）

黑2粘，就局部而言，棋形虽稍好，但在这里不适用，被白3长后，整块黑棋缺乏眼位。

粘虽坚固，但不中用。

图二

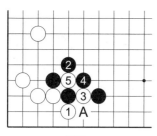

图三

图三 （急务）

黑2若虎，白3打是刻不容缓的。黑4必然反打，白5提，成劫。

白若打不过劫，可于A位粘，黑仍难成形。

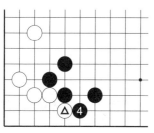

图四

图四 （失机）

上图中白3倘若脱先，被黑4虎下，效率达到最高峰。

而白△反而变成凑黑整形的俗手了。

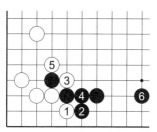

图五

图五 （正解）

棋诀曰："敌众我寡，先谋其生"。黑2是谋生的要点。白3打，黑4忍耐。白5吃住一子，黑6拆二，确保了安全，是正解。

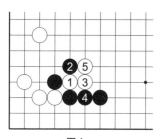

图六

图六 （误用）

现在，白1在上面断，黑怎样对付呢？

黑2打、4粘，是双方互断对杀时的常用手法。由于白边角已活净，这样下便是误用，结果自然不好。

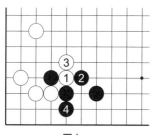

图七

图七 （正解）

敌强我弱时，首先应考虑自己的安全。

黑2打、4立，确保眼位，是正解。

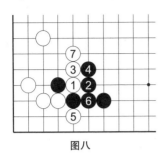

图八

图八 （过分）

黑4压，是初学者易下的错着，指望7位打白一下。不料被白5先打，黑6粘就失去了眼位。白7再退，不仅白角变大，而且5个黑子缺乏眼位。

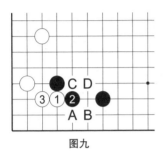

图九

图九 （过程图）

本图是这样走出来的，白1、3托退后，黑棋脱先了。

此后，1）白A扳，黑B挡。2）白C断，黑D打。

请记住"敌众我寡，先谋其生。遇扳必挡，逢断整形"。

第53例　二路透点（中级）

问题图

这是黑三间高夹，白夹的定式。

黑先，局部的要点在哪里呢？

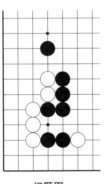

问题图

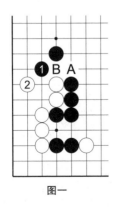

图一

图一 （形恶）

黑1尖，场合不符，是恶手。

白2跳后，生出A位扳的手段，黑只能B位断，成为愚形。

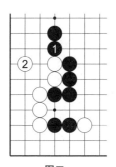

图二

图二　（不满）

黑1顶，虽是安全之着，但未得到应有利益，稍嫌不满。

白2跳，得到好形。

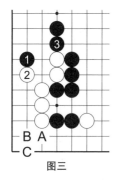

图三

图三　（正解）

"敌之要点，即我之要点"。黑1觑，重要！

白2虎补，黑3再顶，左上封锁住了。

此后，角上黑有A扳，白B挡，黑C连扳作劫的严厉手段。即使不能杀死白棋，官子的收获也很大。

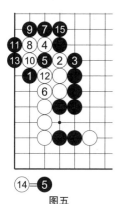

图四

图四　（弃子）

白2尖，贪吃黑1之子，正中黑计。

黑3以下到黑11，一气呵成。白虽先手吃黑一子，但黑外势厚壮，黑有利。

图五　（白更劣）

白2顶，俗极。被黑3挡、5断，白方有"半身不遂"之感。

至黑15粘，黑势依旧，白地大减。白比上图更劣，大势去矣。

⑭=❺
图五

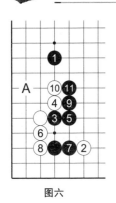

图六

图六　（过程图）

这是过程图，A位是双方要点。

棋诀中有"形方必觑"一条，本图近似。不妨称为"四路两子可用觑，类似形方"。这种凌空一点的手法，在对局中常能遇到。

第54例　虎口被打常滚打（中级）

问题图

黑1夹，是一种场合手段，通常情况下效果不好。但白方必须应对得当。

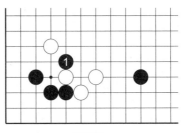

问题图

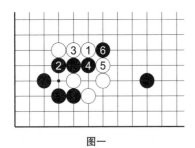

图一

图一　（白软弱）

白1枷，误认为轻灵，其实不然。走到黑6，白陷于苦战。

其中白3如不粘，也无其他好办法。

白1枷，是中级程度者易下的错着。

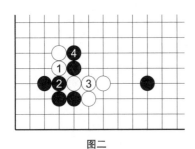

图二

图二　（重滞）

白1冲虽正，但3粘重滞，被黑4压，白同样处于困境。

白3是初级程度者易犯之病。

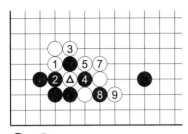

6 = △

图三

图三 （黑失败）

白3反打是好手。黑4提，有疑问，以下白5打，7粘后，黑并无收获。

黑8如再吃，白9又反打。这样黑子都走在里面，白子走在外面，黑不利明显。

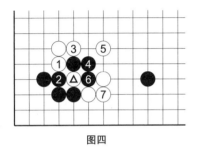

图四

图四 （正解）

黑4长，是最强的抵抗。这时，白5枷好手，黑6只好提取一子。白7粘，在通常情况下，白可安然无恙。

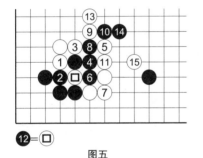

12 = □

图五

图五 （续上图）

黑8从隙缝冲出，白9挡后、11打，白形挺拔。到白13长后，就局部而言白子占便宜了。若非黑棋周围十分厚实的话，黑这样下是很不明智的。

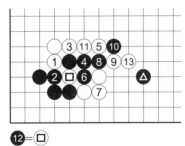

12 = □

图六

图六 （同义）

黑8向这边冲，同样不能奏效。黑10切断，白13正好将黑10与黑△从中分开。

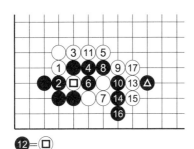

12 = □

图七

图七 （大忌）

如果在黑10位断，那么白13打是必须想到的。如果你设计的方案是14长出，那你在"地"与"势"的问题上还停留在初级程度上。应接至白17后，黑吃亏甚大。

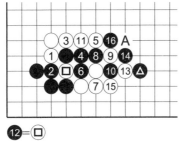

12 = □

图八

图八 （风险）

如果你设计的方案是14打后，16包打，那么你对黑△一子的用途已经十分明白了，可是，这样下首先要冒白在A位反打的风险。

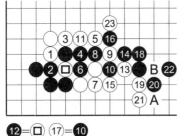

12 = □ 17 = 10

图九

图九 （白无恙）

通常白是不能开劫的，但白17平易地粘后，黑亦无良策。黑18是最佳应手，行进到白23时，白两面都下好了。

其中黑22若于A位挡，白B位断，黑无法应付。以上三图说明向这边冲出是无效的。

图十 （场合）

在黑两边有势的情况下，白1粘是场合下法。黑2打后，黑亦有所得。

将来白可伺机在A位打，但必须在上方安定之后。如果下成这种结果，当初黑△夹才能成立。

图十

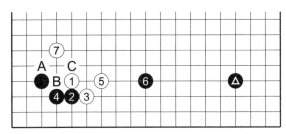

图十一

图十一 （过程图）

白1至5是最常见定式。黑6配合△进行夹击。这时白7如走A位靠，黑B就形成激战定式。现在白走7位斜飞就成了本型。黑C位夹出，往往是以后有机会时才能走的。

综合各种变化，我们不妨记住"滚打包收"这种手法就可以了。如果说得再细些，便是"虎口被打常滚打，不可实粘"。

第55例　遇虎当立（中级）

问题图

白1虎，是好点。这时，黑应当怎样应呢？

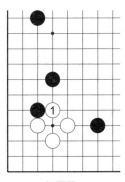

问题图

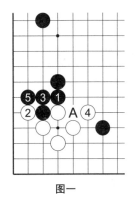

图一

图一 （黑大恶）

黑1顶，希望得到A打的便宜，是初学者爱下的。

可是，先被白2一打，黑3不得不粘。白4尖出，黑棋形很不好。

黑5还得挡一手，白取得了先手。黑如不挡，白在此处爬，黑颇难应。

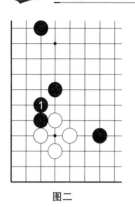

图二

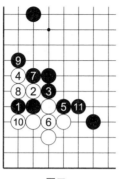

图三

图二 （形不好）

黑1退，是初、中级程度者求平安无事的下法。但自己棋形不饱满，白有利。

图三 （弃子）

黑1立，才是正着。白2扳，贪吃两子正好上当。白4虽是局部好点，然而黑5打，白6粘后，黑7、9仍能挡住白的出路。应接至11退，黑外势完整。黑1以下弃子成功。

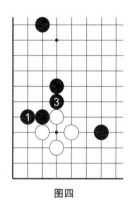

图四

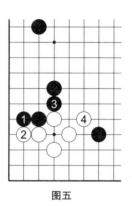

图五

图四 （正解）

黑1立后，白方脱先，将来根据情况来决定下法，是正解。

但从黑方角度来说，此后在3位顶后，棋形就饱满了。

图五 （对比）

黑1立后，白2若挡，这时黑3再顶，走到白4时，与图一相比，得失是一目了然的。

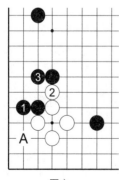

图六

图六 （俗手）

白2顶，是俗手。黑3退后，黑棋坚实了，白角反而生出A位跳入的弱点，于白不利。

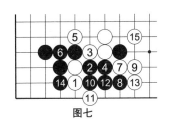

图七

图七 （同义）

这是常见定式中的变化，白1立，是好手。黑2扳，却是错着。双方走到白15枷，结果白有利。白1立，同样是利用弃子的意思。那么，黑2应当怎样下呢？

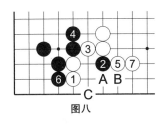

图八

图八 （定式）

白1立时，黑2在这边扳才是正着，到白7是定式。

其中黑6挡对，白7必须补。否则黑有A位立，白B、黑C的手段。

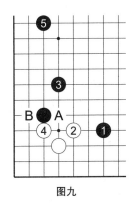

图九

图九 （过程图）

黑1是有名的"坂田定式"。黑5通常先在A位长，但有时也可脱先。白A位虎时，黑需B位立。

类似这样的棋不妨记住"遇虎当立，思量弃子护棋形"。

第56例　无忧角旁托渡难（中级）

问题图

黑1托过，这样的形在一般情况下，是可以托渡的。现在左下是"无忧角"，是否有特殊情况出现呢？

你执白子将怎样下呢？

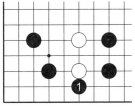

问题图

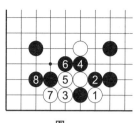

图一

图一　（平凡）

白1扳，黑2断，是通常情况下对付托过的下法。

走至黑8，黑相当厚实。这种平凡着法没有抓住"无忧角"的弱点。

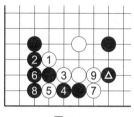

图二

图二　（好手）

白1靠，好手！黑2挡时，白3是普通场合的俗手，此场合却有效。双方走到白9后，黑子被切断了，而且△被碰伤，白有利。

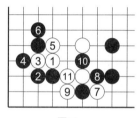

图三

图三　（变化）

白1靠时，黑2如退，结果还不如挡住。以下白3冲、5曲后，白7即可扳下。这时，白上方断点已巧妙护住。黑吃大亏。

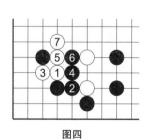

图四

图四　（转换）

白1时，黑2顶可渡过，但白3冲下来所得亦巨。走到白7成为转换，就局部而言，黑方大损。

黑2这种下法，除了必须活出下方大块的情况以外，是绝对不可取的。

总结本题请记住"无忧角旁托渡难"。

第57例　托入小飞（中级）

问题图

这是二间高夹的定式。以后黑△尖时。白又脱先。

黑1托，在很多场合是十分严厉的手法，在本型中却由于黑左边小飞未固，而不能成功。

但黑能否应付得当，相差颇大。

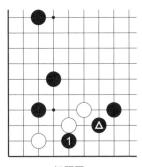

问题图

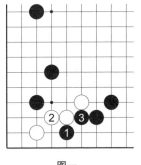

图一

图一　（退，弱）

白2退弱。被黑3顶后，白眼不全，成为浮子。白方十分不利。

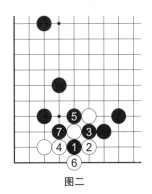

图二

图二　（无谋）

白2扳、4吃，急于求活，是无谋之着。被黑5断吃一子，白方明显吃亏。

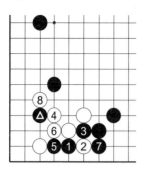

图三

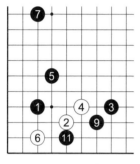

图四

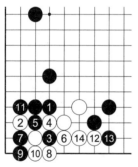

图五

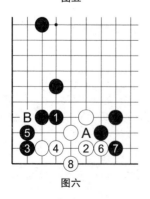

图六

图三 （一箭双雕）

白2板后，白4虎，是一箭双雕的好手，左右必得其一。

走到白8，白吃住黑△，黑1托的手法归于失败。

白4这步棋是棋界巨星吴清源九段首先发现的。在这之前，黑1托被认为是严厉手段，现在大家都知道黑1是无效的，这已成为基础知识了。

图四 （过程图）

1～7是最常见的二间高夹定式。

白8、10连连脱先，黑11托形成本型。这步托只有在3、9两子受威胁时才可用，否则是吃亏的。

但白如果没有图三中4的巧手，这步托就有力了。本型可总结为"小飞底下防托，托时须防巧手"。

图五 （参考图）

黑1不托而在1位并，是好手。双方应对至14，白虽活了，但黑亦获利甚大。

这样走是常型，供参考。

图六 （参考图）

白2如尖，黑3靠严厉。到白8时，白亦活。但将来黑A位卡，白有些为难。

白如果对这两图均不满意，那么还是在黑1未走时，先在5位尖，待黑B位挡后，白再2位尖，也是常型。

第58例 虎口切断常虚跳（中级）

问题图

白1飞，到黑4断，是二间高夹定式的常型。

这时，白应该怎样下呢？请注意白A挡有先手意味。

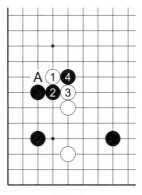

问题图

图一 （平凡）

白1长，没有考虑到A位挡是先手的特点。这样下虽然也可以，但子力发挥不够生动。白1适用于A位不是先手的场合。

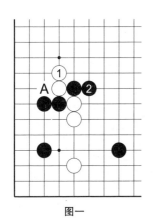

图一

图二 （暴露）

白1先挡，再3跳，使自己先定型，暴露了弱点。

黑4向这边长，白5必补。黑8飞罩后，白陷于被动。

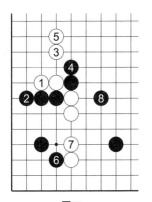

图二

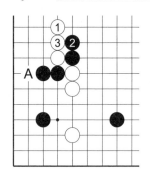

图三

图三 （差异）

白1先跳，是好手，这样白未暴露弱点。黑2如仍往这边长，情况便不同了，此时白3粘有力，现在黑上面二子气被撞紧，行动便不自由了。另外，黑角上因未得到A位之立，所以也显得薄弱些。

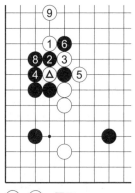

⑦＝△　图四

图四 （滚打）

初学者往往不敢跳，原因是怕被黑在2位吃住一子。

其实，不必担心，白3滚打就可以了。到白9仍然两不吃亏。

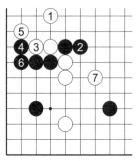

图五

图五 （正解）

白1虚跳，黑2长，这时白3再挡，棋形就完整了。应接到黑6接时，白7从容跳出，成为正常的定式。

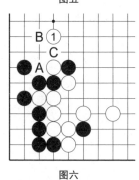

图六

图六 （来源）

现在，黑左边是个虎口，A位打的先手十分明显，白1跳成为必然之着。

为什么不先在A位打呢？因为A位先打后，黑便产生了B位靠的要点。

白1如改走C位长，此后白A打后成为愚形。

这个形状叫作"虎口切断常虚跳"。

第59例　以压还压（中级）

这是一个常见定式，白1靠后，黑应当怎样下呢？

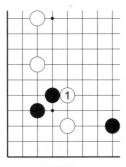

问题图

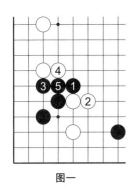

图一

图一　（凑着）

"遇压需扳"这虽然是普通常识，但有时却往往是凑着，本型就是这样的。

双方走到5时，下边白已出头，黑四子反成愚形。

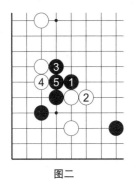

图二

图二　（同病）

黑3改在这边虎，想以此来改变现状，被白4长后，黑仍是愚形。所以，关键在于黑1扳这步棋上。

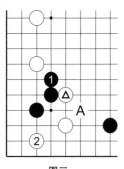

图三

图三　（长，弱）

黑1长，怕复杂，是初学者爱下的。但白2飞，白棋占便宜了。因为白△和黑1不做交换的话，白直接走2飞时，黑可在A位飞封。现在白先手破坏了黑A的手段，而黑1对白左边两子却影响不大，所以黑1是缓手。

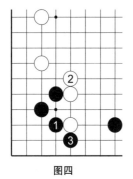

图四

图四　（顶，亦弱）

为了防白进角，黑1尖顶虽是常用手段，但对本型中不太适用。因白2长得好形，黑3扳却嫌委屈。这在一般情况下是不太好的，当然也并非绝对不能下。

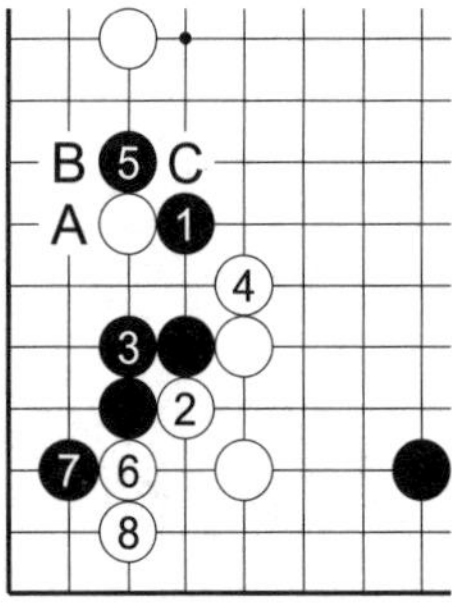

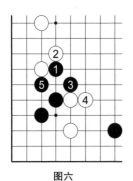

图五

图五　（正解）

黑1靠是正着，白2虎也是好手。黑3只能粘，以下变化到白8告一段落，结果大致两分。

但请注意，将来白方还有A立、黑B、白C的手段。

图六

图六　（好形）

黑1靠时，白2如扳，则黑3鼓，白4只好退，黑5再鼓（这时请和图一比较），黑两面好点都走到了，得失不言自明。

图六

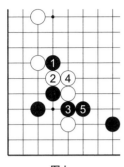

图七

图七 （欺着）

白2挖，是欺着。黑3反挖，好手。以下白4粘，黑5长，形成转换。至此，黑角上虽然还有余味，但白的左边黑也有各种利用。从总体来看，黑较有利。

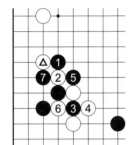

图八

图八 （互提）

黑3挖时，白4如打，黑5反打，到黑7时双方各提一子。由于黑提后较畅，加上白△受伤严重，结果仍是黑好。

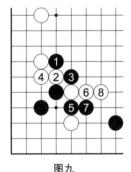

图九

图九 （俗手）

白2挖时，黑3先打是俗手，一打之下不仅凑白行棋，而且腹中的"残子"也加重了。

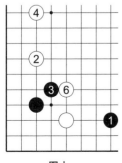

图十

图十 （过程图）

黑1二间夹时，白2反夹后拆二，这大都是在左上是黑阵时所采用的分割手法。

黑方脱先后，白6压出，成本型。

小结：本型特点，白压时图五的黑1可叫"以压还压"。对图七的白挖可叫"以挖还挖"。这是本型的要领。

第60例 靠三三 (中级)

问题图

黑1靠，是补强下边的常用手法。在黑有△的情况下，白棋有哪几种应法可取呢?

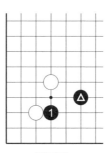

问题图

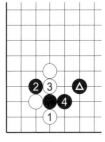

图一

图一 (下扳)

白1下扳，在有黑△的场合是不太好的。

黑2扳当然，白3打，黑4退后，白还怎样下呢?

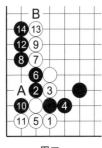

图二

图二 (白崩)

自然首先想到的是，白5粘的强手。但黑6贴后，黑10是好手，走到14后，A、B两点黑必得其一，白崩溃。

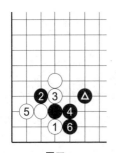

图三

图三 (黑满意)

白5只得退，黑6平凡地曲，这个型黑可满意。

因为如果拿掉白1和黑6，即可见黑△的位置并不坏。而且这两步棋的交换，也是黑棋占便宜，所以这个结果黑好是不必怀疑的。

从这个图可知，白下扳是不好的。

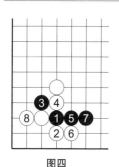

图四

图四　（参考图）

在黑下边无子配合的情况下。黑1靠时，白2下扳是常见的。走到白8是常型。

其中，白6的先手长十分重要。

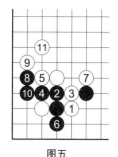

图五

图五　（场合）

白1夹，是一种场合下法。在白外势广阔的情况下才相宜。

黑2、4虽是俗手，但在本场合有效。

黑6立方向好。到白11时黑先手得大角，通常情况下为黑优。

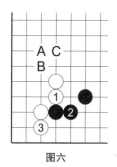

图六

图六　（正解）

白1顶，正着。黑2退时，白3立，强手。

此后留有黑A位进攻的弱点，白只好B位尖顶，黑C长后，黑形较好。所以，白3立这手棋在左边有配合时采用较适宜。

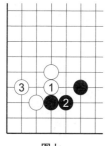

图七

图七　（忍耐）

白3虎，对下边黑的威胁和角上的官子，不如上图立下为好。但左边较巩固，是一种忍耐的下法。这种下法，在左边缺乏配合时宜用。

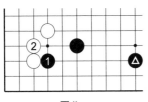

图八

图八 （冷静）

黑1靠时，白2退。看似软弱，实为冷静的好手，在下边有黑△的情况下较适宜。

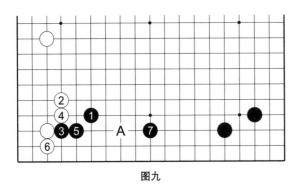

图九

图九 （过程图）

这个局面黑先在3靠、5退后，再走7拆，是为了防止白于A位的打入。综合各图"无子靠三三，可从二路扳（图四）。有子靠三三，单退（图八）立（图六）虎（图七）间"。

第61例　无忧两拦当自补（中级）

问题图

白先。黑角称"无忧角"，取"高枕无忧"之义。

不过，现在被白△两边拦住，就有忧了。

白怎样侵入最严厉？

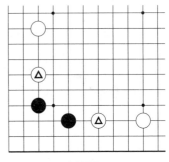

问题图

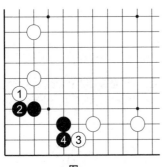

图一

图一 （无谋）

白1、3从两边尖，是通常情况下的收官法，所谓"先手六目，双方必争"，即是指这类二路的小尖。

但在本型中却替人补病，变得软弱无力。

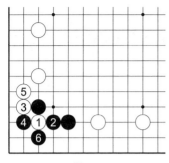

图二

图二　（更不如前）

白1靠、3扳，也是一种收官法。在本型中，这样下比前图更坏，黑提一子后，十分厚实。

图三　（正解）

白1靠是要点。这样无论黑怎样应都有棋了。

黑2挡、4粘后，白两边扳粘就活了。以后可视形势在A或B位长。

本图黑虽厚实，但缺少眼位，白两边有拆二之子时，黑是受攻之型。同时，这种手段不会出现在开局阶段，往往在全局分定之后，这样得角地的一方就来得实惠了。

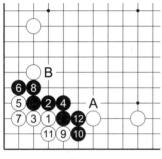

图三

图四　（强手）

黑4碰是强手，白如仍按上图的下法，黑较上图为优。

因此，白9先夹。黑10是明智的着法，如在11立，白12位长，黑10，白再扳粘做活，黑眼位受损。

本图中黑眼位较丰富，不易被攻。

其中白9如在A位断，黑可B枷。

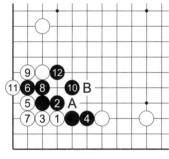

图四

图五　（黑被吃）

黑4下立抵抗，无理。白5、7扳粘长气后，再白9断严厉，走到白17，黑被吃。

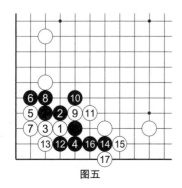

图五

113

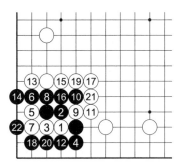

图六

图六　（弃子）

白13夹，采用弃子的走法，十分简明。到22，黑后手吃白四子，白外势如铜墙铁壁，大为有利。

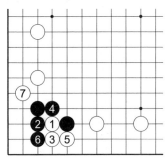

图七

图七　（眼位不全）

黑2夹，软弱。走到白7尖时，黑眼位不全，这种下法通常不必考虑。

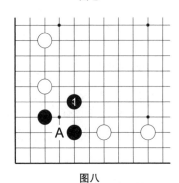

图八

图八　（自补）

综上所述，可知A位靠入是严厉的。所以黑1补是要点，这步棋至关重要。

总结："无忧两拦当自补，以防三四。"

第62例　急攻宜顶（中级）

问题图

这是最常见的型。黑1以后，白应当怎样应付呢？

如果A位被黑占据，白三子要成浮棋。

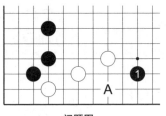

问题图

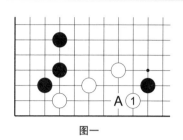

图一

图一 （缓手）

为了防止黑A位飞，白采用白1飞守空。但这样下嫌缓了，对黑没有威胁。

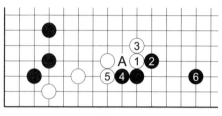

图二

图二 （凑着）

白1压，这是加强自己的常用手段，现在用来攻击对方弱子就错了。以下应接到黑6拆时，黑获利颇大。白还有A位的缺陷。

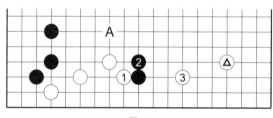

图三

图三 （正解）

白1尖顶，是本型常用手法。黑2长后，白可在3位夹攻或A位跳出，视局势而定。

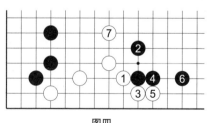

图四

图四 （参考图）

在右下角白强时，黑2跳也是可以考虑的。以下到白7也属常型。

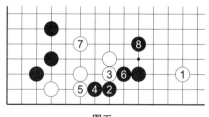

图五

图五 （松）

白1二间夹，嫌松。黑2飞入要点。到黑8跳出，左下白棋被黑连根掘起，显然不利。

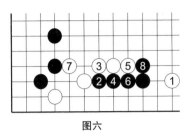

图六

图六　（腾挪）

白1夹，是白右下角有配合时的手法。此时，黑2靠腾挪是好手，以下应接至黑8，黑大体已呈活形。

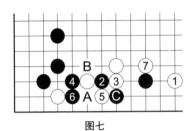

图七

图七　（转换）

白3从这边挡，黑4尖顶是好手，到白7形成转换，黑收获不小。

其中黑4尖时，白5如在6位挡，则黑A吃，白B长，黑C虎，白角被吃。

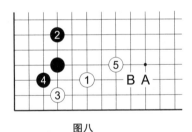

图八

图八　（过程图）

本型是这样下出来的。白5飞是为了防黑在中央成势，但此后黑A拦是好点。白B的尖顶，在很多其他场合属于俗手，在本型中却是切实可行的正着。

第63例　大飞宜夹（中级）

问题图

这是二间高夹定式，黑脱先以后，白1是要点，这时黑怎样应呢？

请注意，黑左边两子是大飞。

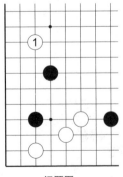

问题图

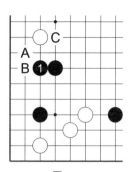

图一

图一 （稍缓）

黑1立，虽有本手之感，但在边上得不到多少空，稍嫌缓。

改走A或B位也大同小异，和上例的小飞有类似之处。如在C位压，同样是帮白走棋。

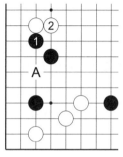

图二

图二 （俗手）

黑1尖顶，在小飞时是正着，现在却成了俗手。原因在于白2长后，生出A位点的好点，黑棋形不完整。

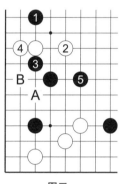

图三

图三 （正解）

这时，黑1夹，正解。待白2跳起，黑3再尖顶。现在这步尖就不是守空的意思了，而是试白应手。

白4立下，黑5跳出，取攻白之势。目前A位点已无价值，因为B位本身就是漏着。

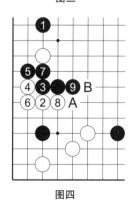

图四

图四 （转换）

白2如点入，即成转换。到黑9止，白虽得角，黑外面收获亦大。

此后，白若A位长，黑可舒舒服服在B位长，白若不在A位长，黑A位曲，白又很难受。

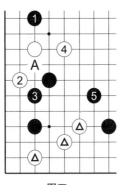

图五

图五 （凑着）

黑1夹时，白2如果抢先在2位飞，以为先手得利，其实反而凑黑补强。

白4跳出，黑5可大步联络，并使下边白△三子变薄。

由于不怕白走2飞，黑棋自然不必急着在A位尖顶了。

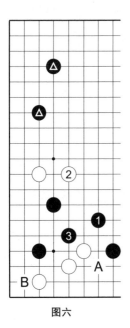

图六

图六 （场合）

在左边没有拆地的场合，黑1可不必夹，而在1位飞罩。

白2关出，黑3联络，棋形生动。此后，黑有A、B等处的攻击手段。

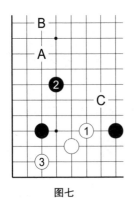

图七

图七 （过程图）

黑2大飞显趣向。此后白A位攻时，黑B、C等点均可考虑。

本题与上题相关联，可合成"小飞宜尖，大飞宜夹"。

第64例 莫走凑着（中级）

白2后，黑应当怎样下?要做到着法简单而用意深刻。

本题从容易记住来说，可算中级。从难度来说，可算高级或有段了。

请读者试答。

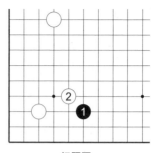

问题图

图一 （凑着）

黑1虽正，但黑3却是凑着，帮白4成空，黑还需在下边开拆，于黑不利。

黑3在某些场合是好点，本型中由于左边成空的关系，使原本的好棋变成坏棋了。

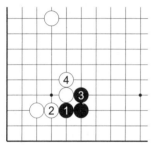

图一

图二 （正解）

黑3拆，是正着。左边留有A、B等消空手段，很有力。

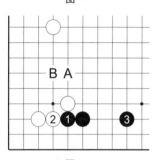

图二

图三 （反凑）

白1、3企图先手补病，徒然被黑下边走厚。白5脱先后，黑6击中白要害，白颇难应。

从这一例中我们可以知道，"切莫走凑着"。什么样的棋算凑着?例如，替人补病，被人一手围净，帮人走厚等，均为凑着。棋诀云："宁走后中先，不走先中后"，也是这个意思。

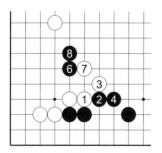

图三

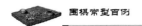

第65例 大雪崩内拐要领（中级）

问题图

问题图A是"大雪崩"内拐型。问题图B是这一型中最典型的定式。从问题图A到问题图B有哪些必须注意的次序，你知道吗？

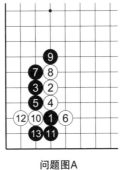

问题图A

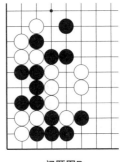

问题图B

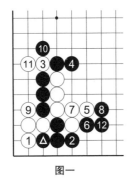

图一

图一　（黑得二目）

白1在角上曲，是错着。黑2曲后，白3断，遂还原成外拐定式，但黑△和白1交换，黑便宜约二目。别小看这二目，因为这二目棋的关系，吴清源走出了问题图A中13这步"名着"，便产生了一连串的内拐定式，大大丰富了"大雪崩"型。

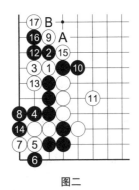

图二

图二　（难解）

白1断是正着，但白3马上下立却错了。被黑4挡，角上已吃净。

以后白9虽然是妙手，但走到白17时，黑可A位打（视征子情况）。如不能A位打，还可B位打转换，总之变化极其复杂。

在20世纪60年代初期，棋界前辈顾水如先生对此饶有兴趣，变出很多有趣之型来。随着时间的推移，现在已基本明确白3立是不好的。尤其初学者更应注意。

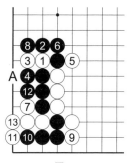

图三

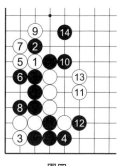

图四

图三 （以错对错）

白3虽错，黑4在这边挡更谬。

白7拐后，角上三子被吃，黑大亏。

其中白13不打而粘，好！角上成"金鸡独立"之势。

黑如在A位做劫，黑抛劫，白收气，黑重极，属于论外。

图四 （次序井然）

白1断，黑2打时，白3在角上拐，待黑4拐时，白5再立，次序井然。到14是内拐基本型，中途虽然还有各种变着，但不是因错着而引起的，这里就不说了。

为了便于记住1、3、5的次序，不妨记住"雪崩内拐外里外"这样一句话（即1在外断，3在里拐，5又在外走）。

第66例　小飞遇挡不宜长（中级）

问题图

白1挡，这是常见的，黑方应当怎样应呢？

本题的关键，是要注意棋形。

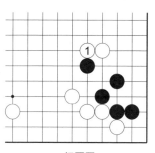

问题图

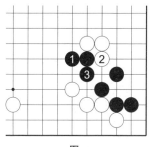

图一

图一 （愚形）

初学者爱在1位长，被白2曲，不得已只能黑3连，结果黑形很不好。

此后这块棋的眼位会受到威胁，行动将处处受到掣肘。

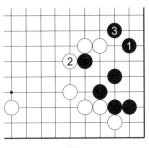

图二

图二 （完璧）

中级程度者懂得了"着法贵虚灵"，从而单在1位飞。不过，被白2扳后，白势完整了。结果白大有利。

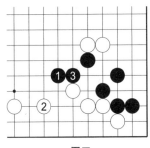

图三

图三 （正解）

其实，黑1飞出头，才体现了"着法贵虚灵"。

白2补，自重。黑3退，安然出头，是正解。

现在，黑棋的棋形比图一挺拔得多了，连接处十分结实，角上眼位也显得丰富多了。

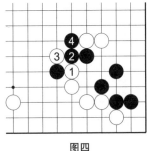

图四

图四 （白俗）

白1冲、3断，俗！黑2、4乘势出头，白中腹一子与右边二子难以兼顾。

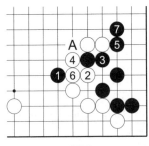

图五

图五 （转身）

白2尖，意在封锁。黑3退沉着，白4挡时，黑5虎，白6必须补断。黑7从容转身，向右上方突出，结果自然不坏。白A位还留有断点。

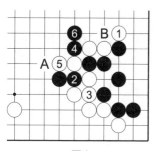

图六

图六 （突破）

白1强行拦阻，黑2切断有力，到黑6长时，留下A位征子与B位闷打，白不能两全。

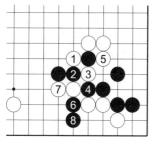

图七

图七 （白恶）

白1扳，这是不成立的。双方演变到黑8立时，白实地大损。

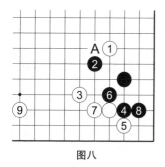

图八

图八 （过程图）

这是一间高夹托角定式以后，黑方脱先，白在A位挡，黑2是软头。

黑2与下边黑子呈小飞之形，不妨称为"小飞遇挡不宜长，须防愚形"。

第67例 四四遇托顶连扳（中级）

问题图

白1扳，是常用手法。这个型也是常见之形。

这时，黑应当怎样下呢？

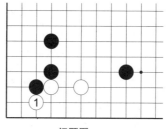

问题图

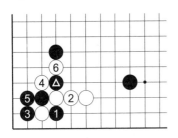

图一

图一　（不当）

黑1断打、3再吃一子，初学者爱这样走。具有中级程度的棋手就知道这样下是不划算的。到白6时，黑△一子被征吃，黑方吃亏了。

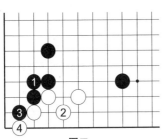

图二

图二　（粘，弱）

黑1粘，求稳之着，但缺乏攻击力。被白2虎后，白眼形丰富，这几个白子就处理好了。

所以黑1粘，弱。

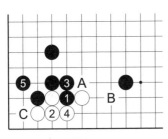

图三

图三　（亦弱）

黑1打后、3粘，在某些场合是有力的，但按一般情况来说，亦嫌弱。

白4不用考虑地渡回，此时白已呈活形。黑5虎后，白有A、B、C等着法，可酌情选用。

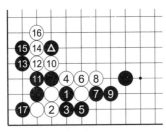

图四

图四　（转换）

黑3冲，强手。白4断也是势所必然。走到黑9时，白10打后冲下很有力。以下应接至黑17成为转换，结果大致两分。

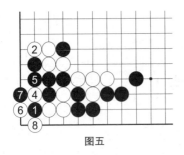

图五

图五　（劫）

上图中黑15爬是必要的，如果单走1位扳，则白2拐成为先手。

黑3如脱先，白4、6是好手，角上形成劫杀。

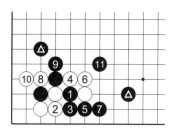

图六

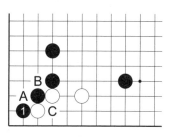

图七

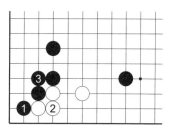

图八

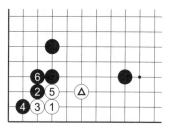

图九

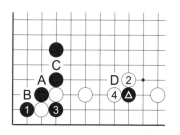

图十

图六 （参考图）

现在黑两边△都在三路上。应接到白10立时，黑11枷是好手，结果黑明显有利。

图七 （强手）

黑1连扳，强手！此时不怕白在A位打，因黑B位粘后，含有C位双打的手段。黑1的用意在于，不让白简单呈活形，采取的是攻击态度。但以后的变化较复杂，必须有充分的思想准备。

图八 （白重）

白2简单粘上，被黑3接后，白棋形呆重，缺乏眼位，成为急需处理的棋，黑达到了目的。

图九 （还原）

白△受到攻击时，理应在5位托或2位点角转换。现在白1飞，显然是不好的。

黑2尖，必然。白3长，黑4挡时，白5挤又是坏棋，被黑6接后，角上变得更强了。

上图和本图的结果是一样的，仅次序不同而已。因此，通过还原的办法，吃亏、便宜就更看得清楚了。

图十 （高等战术）

这是林海峰对赵治勋的实战对局。当时黑△在三路上。

黑1连扳时，白2压是一种高级战术。由于白保留了A位打、黑B位接、白C位打出来的变化，所以黑在D位扳是十分危险的。

最后，黑3、白4成为转换，结果仍不失为两分。

125

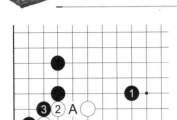

图十一

图十一　（过程图）

这是过程图，本型可总结为"四四遇托须连扳"这样一句话。

其中，黑两边四路子如果在三路上的话，黑5在A位打是有力的。现在都在四路上，那么黑5连扳是一步强手。

第68例　双飞燕尖出（中级）

问题图

这是"双飞燕"定式之一型。轮黑走，你下在哪里？

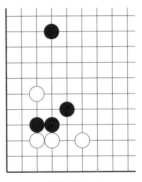

问题图

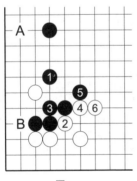

图一

图一　（白大优）

黑1飞，贪吃白一子，大恶！以下白2至6乘势扩张，结果白角大而实惠，黑左边却棋形不佳，因此后有A位的弱点。但黑棋如在A位附近补一手的话，白将顺势在B位扳收官，黑不利甚明。

图二　（黑有利）

黑1飞，强手！白2爬，软弱。黑3顺调长出，筑成强势棋形。

以后白如继续在A位爬，则凑黑再长，这种变换是不等价的，白将越走越劣。

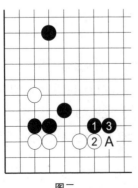

图二

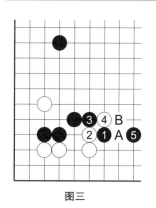

图三

图三 （正解）

白2、4冲断，才是针锋相对的着法。此时黑5跳就用上了"虎口切断常虚跳"的口诀。以下白如A位打，则黑B位滚打是要领。

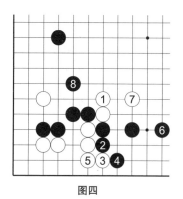

图四

图四 （一法）

白1长，黑2挡，双方皆正，到黑8时。黑左右都走好了，黑不坏。

但作为白方，亦可下得。

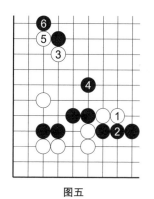

图五

图五 （腾挪）

白1在这边长，俗手。黑2接后，白气撞紧，行动不便了。

白3碰，以求腾挪。黑4跳，简明之着。白5扳时，黑6连扳，黑充分可战。

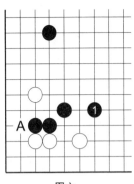

图六

图六　（稳当）

在上面变化有风险时，黑1跳，是稳当之着，亦可下。

甚之，遇到这样的情况，应当扩张形势，而不是急于吃子。因为，若急于吃子，白A位的先手官子就很大。

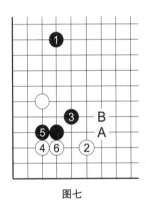

图七

图七　（过程图）

这是过程图。黑3尖出，让白点角，是为了张势。白6后，黑A、B可选择。

本型不妨称为"尖应双飞，旨在张势；选择飞跳，不可小吃"。

第69例　开拆大须避战（中级）

问题图

黑△比常法多拆了一路，是趣向。常有高手这样下。

现在白1攻入，黑应当怎样应呢？

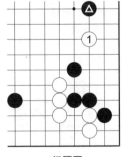

问题图

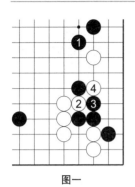

图一

图一　（危险）

黑1尖，强攻白子，是十分危险之着。

白2冲，简明，黑3挡又过分了，被白4断后，黑无应手。

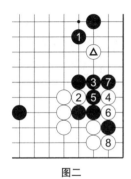

图二

图二　（白成功）

黑3若退，则白4点是好手。以下白6断时，由于白△起了作用，所以黑7只能拐，白8吃住黑一子，大获成功。

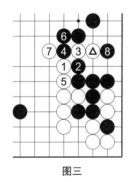

图三

图三　（续前图）

此后，白△还有种种利用。

比如白1到7的先手，筑成了厚壁。

黑2若走3位，白2位冲后，5位粘亦是先手。

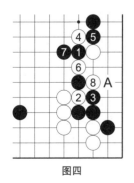

图四

图四　（黑损）

黑1压，这也是对付打入的常用之法。在本型中仍不行。

白2冲后，应接至白8断吃，黑只有从A位二路渡回了，结果显然黑损。

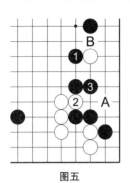

图五

图五 （两弱点）

黑3若退，便留下了A、B两个弱点，白可根据当时的局势选择，故而本图黑还不如图二。

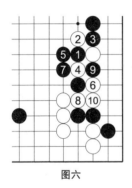

图六

图六 （转换）

白2即使直接扳出，也是可下的。到白10形成转换，黑虽提得两手，但较重复。白角实地很大，通常是白有利。

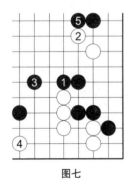

图七

图七 （正解）

黑1压，正着。白2尖出时，黑3先联络，逼白4飞补后，黑方再回过头来攻击右边白二子，如走5位之类。

这样成为双方可下的棋，优劣要视具体情况而定。

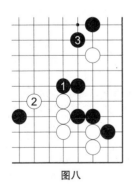

图八

图八 （安全）

黑1压时，白2如果跳出，黑3再尖就安全了。

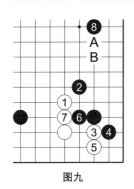

图九

图九 （过程图）

这是二间高夹定式，黑8按普通定式应当在A位。现8位拆，是从全盘考虑的一步棋。在局部白B位打入是有棋的。

请记住"开拆异常大，须避正面战"。这个道理在很多场合均可适用。

第70例 镇消无忧角（高级）

问题图

黑方以"无忧角"为中心两翼张开。白1镇是侵削的要点。

这时黑有哪几种常见应法？有什么要领？你知道哪几种？

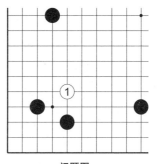

问题图

图一 （重视左边）

黑1飞，是重视左边的下法。采用这种下法的通常情况是：①左边黑△之子需要照顾。②左边比下边宽广。③左边较易成空。具体变化见下文。

图一

图二 （常型）

黑1飞时，白2靠是正着。

黑3扳常法，白4断是腾挪的好手。到白10长后，黑11虽可暂时不补，但白只要在A位有子时，便可在角上B位长出，所以黑一时也无法攻白，以自补为宜。

白12亦自重，至此成为常见的一型。

⑨=④

图二

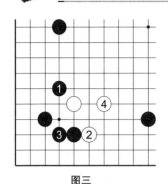

图三

图三 （场合）

黑3退，是一步具有较高水平的棋手才肯走的棋。它的目的是不让白方很快成形。这时白4跳是轻灵之着。

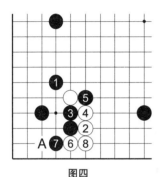

图四

图四 （稍俗）

黑3顶，是中等程度棋手爱用的棋，高段棋手对局中较少见。以下白6、8扳粘是要点，这样角上便生出A位的夹，在实空上黑已经亏了。

另外，白在下边变强后，黑下边如果有子，反而将受到白方的攻击。

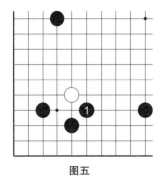

图五

图五 （重视下边）

黑1尖，是重视下边的着法，其意思大致和图一相似。变化如下。

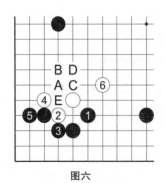

图六

图六 （常型）

黑1尖后，白2、4虽是俗手，但在本型中却是可行的。到白6飞，成为最常见的型。

此后黑如A位刺，则白B位靠，黑C位、白D位是要领。切莫在E位粘。

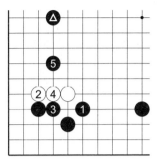

图七

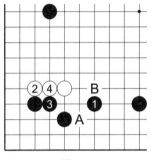

图八

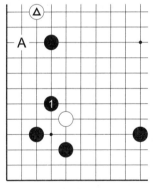

图九

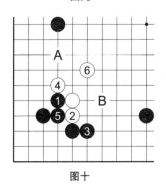

图十

图七 （稍重）

白2靠。在局部的形状虽比上图好些，但步调慢了。被黑5攻击，白稍嫌重滞。这种下法不如上法多见。

图八 （参考图）

黑1飞，也是重视下边的着法。它虽不如尖常见，但有时亦采用。此时白2靠、4粘较好，因以后有A位跨、B位压等下法。

图九 （注意）

本图中黑1飞，很可能是方向错误。因左边有白△之子，A位有飞入的缺陷，这种情况在日本被称为"裙明"，即下摆敞着的意思。这是围空时的大忌。

图十 （攻击）

黑1尖，偏重于攻击。虽不如前两法多见，但也是正着。

白6是轻灵之着，目的是在A、B两点皆可成形。

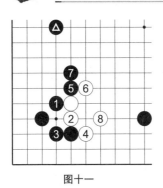

图十一

图十一 （一法）

黑3退，也是一法。走到白8，白下边虽已安定，但黑配合△，在左边成了"五路空"。

对于本例可归纳为"镇消无忧角，三法可推敲。宽处宜得空，裙明却飘渺"。

第71例 三三点入（高级）

问题图

白1点入后，黑方有哪几种基本应法？这些基本应法，怎样配合周围形势来运用？

如图情况，你打算怎么办？

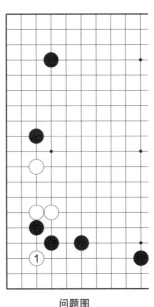

问题图

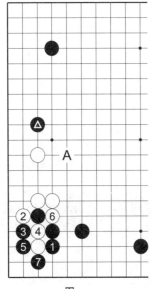

图一

图一 （软弱）

黑1挡。有些场合虽亦可用，但在本图中情况就显得软弱了。黑7后，白左边先手获得安定。

本图着法在白左边已坚固的情况下较适用。例如A位已有白子时。

图二 （一策）

黑3团，与图一走法是有区别的，它是针对白左边拆二的一步棋。以后伏有A位点，白B位粘，黑C位渡的攻击。不过，这样攻击也给白留下了D位立的官子，要慎重行事。

如果白左边不是拆二的话，图二下法不会比图一好。

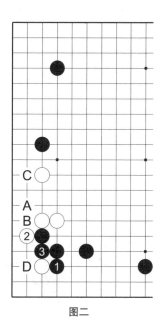

图二

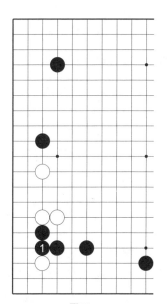

图三

图三 （场合）

黑1团，形状不好，是特殊场合下的一种忍耐下法。

这一方法须在这样的情况下使用，既不愿失去过多的实空，又不肯放弃对白左边的攻击。

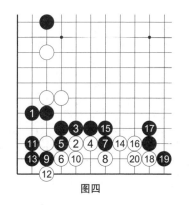

图四

图四 （正解）

黑1立，强手。旨在攻击左边。

白2、4得角，当然。黑5、7是必要的次序。以下黑9断吃一子最常见，到白20后白得了实地，黑可以对白三子进行各种攻击。

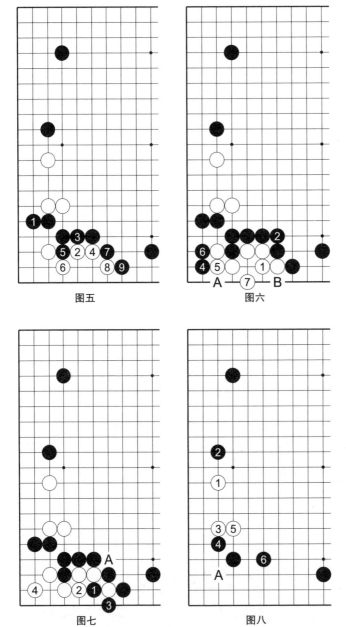

图五

图六

图七

图八

图五　（奥妙）

上图中黑9如果改走连扳，怎样走好呢？这是一个比较有趣的问题。如果你能回答其中的奥妙所在，就可以认为是有段了。

图六　（平庸）

白1粘，是最容易想到的，但这步棋并不好。因为黑2粘后，白总不肯在角上落后手。但白3脱先后，黑有4点的好手，白活得很苦。此后收官时，黑A、B两点可任意选择。

图七　（对比）

图五后的正解是在角上脱先，将左边白棋加强，角上不怕黑先动手。

黑1、3如吃一子，则白4虎活，白角上目数并不少。而黑却反而多出了A位的断点。

图八　（过程图）

本图是这样走出来的。白A点入后，黑的应法较多，优劣要看外面周围的配合。

因此，可称为"三三点入细推敲，要看攻击效果"。

第72例　飞出的方向（高级）

问题图

白1肩冲，黑方如何根据周围形势来决定下法？

这是个方向问题，你能正确回答吗？

问题图

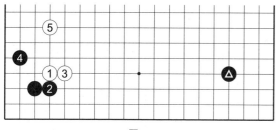

图一

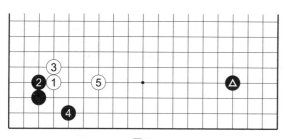

图二

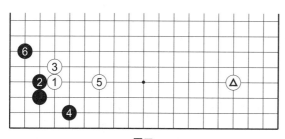

图三

图一　（常识）

右下角有一黑子，黑2向有子方向长，空旷处飞出是常识。

图二　（逆）

黑2反方向长，黑4飞出和上图虽同形，但方向逆了。原因是经黑4飞后，下边价值变小，使△一子向下边发展的价值降低。

图三　（常识）

现在右下是白子，常识便是向空角长，然后向对方有子方飞出。黑4后，使下边价值变小，换言之，白△价值变小了，对黑有利。其中黑6可不必马上走。

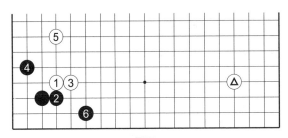

图四

图四 （逆）

黑2反方向长，到黑6时虽然也使下边价值变小，但是和上图相比有两个弱点：①黑6需要马上走。②白5时有变着。

图五 （变着）

白5曲，配合右边白子是生动的。如果是图三的方向就不宜曲了，由此也可反证黑以图三方向为正。

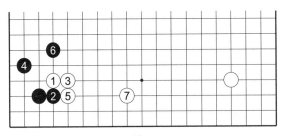

图五

图六 （场合）

在下边有黑子的场合，黑2长、4跳是一种有力手法。至白7拆后，以后白在下边没有什么发展。

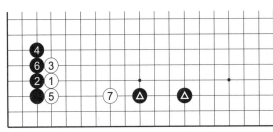

图六

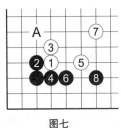

图七

图七 （木谷定式）

黑2长、黑4曲，是木谷定式。它的含义是取得更多的确定地，其弱点是步子稍慢。

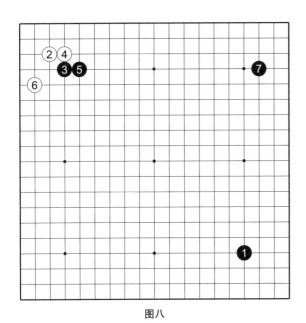

图八

图八 （派生的趣向）

在高手对局中，黑1、白2时，黑3立即肩冲是趣向。它的含义是，此时黑有两个空角皆可占据，先走黑3，目的要让白先定型。白4如向这边长，黑7就占据左上角。白如换个方向，黑也可以换个方向，总之达到了使白6不向黑7方向飞出的目的。

这一趣向是从上述棋理派生出来的，又反过来证明了上述道理。

本型的要点是，向己方有子方向长，另一方飞出；对方有子则反之。

第73例　二间高夹的次序（高级）

问题图

这是星、二间高夹定式走出来的一型，还未走完，以后的变化怎样呢？请注意次序。

附带说明，图中黑△这个子很重要，如果没有这个子，黑是不能下这个定式的。

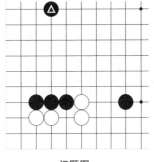

问题图

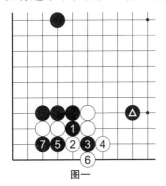

图一

图一 （外断，误）

黑1冲后，黑3外断，是初学者易犯的错着。白4按"断哪边，吃哪边"的常识打吃，黑5反打，到黑7止，这个结果黑损。为什么说黑损呢？

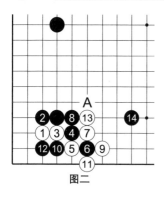

图二

图二 （对比）

假设白1先点"三三"，黑2挡以下到白13是常见定式。此时黑14大恶，犯了"攻坚"之忌，本应该在A位扳头才是。

这样，便成了两不吃亏的基础上，黑棋下了一步恶手，所以说这个结果，黑损。

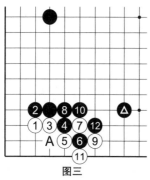

图三

图三 （参照）

在黑两翼张开的情况下，白点"三三"也是经常遇到的，这时我们常可看到黑10总是在这里打，而不是在A位打，就是因为不愿走成上图的结果，使△成为效率低的棋。

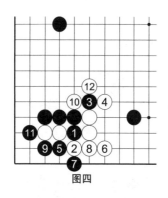

图四

图四 （先扳，误）

黑3先扳，也是初学者易下的错着。被白4扳后，黑5断时，白6虎正着。以下到白12，白在中间提黑一子，黑损失很大。请和图一、图二对比。

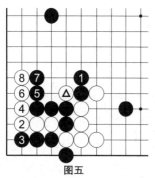

图五

图五 （黑溃）

上图中白10打时，黑如硬在本图中1位逃，白2立，黑即溃。以下至白8的变化是示意图，实战是下不出来的。但黑3即使在4位挡，及时回头，白3位曲吃住两子，黑也已大损了。

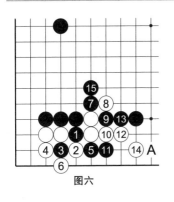

图六

图六、图七、图八

黑3内断是正着。走到15是定式。

过程中还有几个问题须提及。

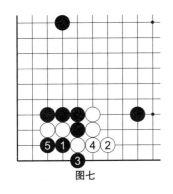

图七

（1）白4如于11位虎，企图"依样画葫芦"是不行的，变化如图七。与图一比不仅少两目，而且少了一个眼，相差甚大，反而白亏了。

（2）黑11横打，是好手。如果忘记了，而单在13位粘，被白如图八吃净，黑种种利用都没有了，结果黑亏。

（3）白12不可在13位提，即使征子有利也不能提。

（4）过去的定式书介绍，往往15时先走A位靠。其实这个便宜不要先占，因为以后还有其他种种利用。

本型可概括为"二间高夹须内断，二路横打不可忘"这样一句话，它可以帮助读者记住此型的下法。

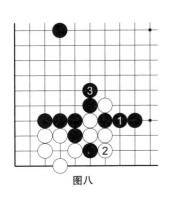

图八

141

第74例　应急两法（高级）

问题图

本图也是常见定式。黑1扳下，乍看难抵御，其实白棋只要应付得当，是可以渡过难关的。但是，白方如果应不好，就会吃大亏。

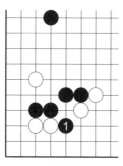

问题图

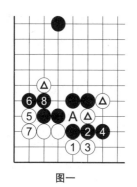

图一

图一　（大亏）

白1扳这步棋，在本型中大恶。因为黑2长后，白不能在A位断。走到黑8接时，白△三子被割开，成为残子，白大亏。

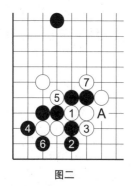

图二

图二　（断，正着）

白1断，在很多情况下是危险的，但本型断后，使黑生出了5位的断点，白1就变得有力了。

黑2立，谋着A位打和4位扳。白3拐，弃角是好手。但白5断时，黑6补软弱，被白7征吃两子，白棋便宜了。

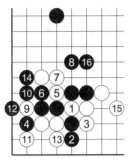

图三

图三　（抵抗）

黑6打抵抗，白7粘时，黑8跳是常用手法，不过必须看清变化，方可采用。

白9断打到黑16形成转换，黑左边较厚，但黑多花了一手棋，因此这个结果是两分。

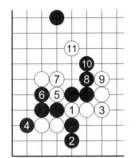

图四

图四　（变着）

黑2立时，白3粘，是希望激战的变着。

白5断后，黑仍需用6打来抵抗。紧接着黑8就不能跳了，而只能在图中8位曲。

双方走到白11成为乱战的棋，优劣视周围形势而定。但就实地上来说，黑方已先有所得。

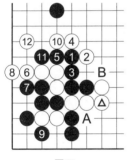

图五

图五　（全灭）

黑1不细察，而随手跳出，此时白2靠是要点。

接着白6长、8立，是连续的好手，这样白可长出一气。走到白12枊，黑子全灭。黑1可算"一着不慎，满盘皆输"。白△一子如在A位，黑此时就可B位扳出了。

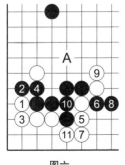

图六

图六　（一法）

白1扳，乍看远离焦点，其实是步好棋。黑2、4后，白角得到了加强。以下白5便可夹住，黑6断也好。　白7立是常用手法，如改在8位打，被黑于11位立，白不利。

走到白11，得失亦要视周围形势而定，局部大致两分。黑10也可直接在A位跳。

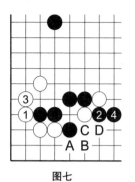

图七

图七 （转换）

黑2断，各走各的亦是好手，黑方意在重视下边。到黑4形成转换，结果大体互不吃亏。

以后白A位扳时，黑可B位挡，白C、黑D是"倒扑"。

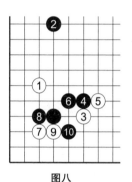

图八

图八 （过程图）

这是过程图。白7点是求转换的好手，走到黑10成了本型。

对于黑10这步棋，白方必须看清图二以后的各种变化。能做到这一点，你就有了较强的默算能力。

同时，还要知道图六那样扳的手法，能想到这样下，思路就开阔了。两种下法都掌握了，就有较高水平了。

第75例　托大飞角的一型（高级）

问题图

这是托大飞角的一型。黑1粘后，白应当怎样呢？

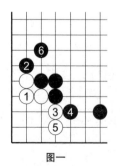

问题图

图一 （正着）

白1粘，正着。能想到这步棋就具有一定棋力了。走到黑6成为常见之形，黑得外势，白取角地。

图一

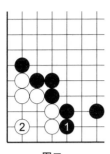

图二

图二 （俗手）

上图中黑6改在1位挡，初学者往往以为这是先手便宜，其实正相反。

白2补后，白角得九目，黑方吃亏了。这种下法只有在急于抢先手的情况下才可以考虑。

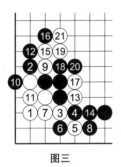

图三

图三 （征子）

在征子对白有利的情况下，白1虎、3扳、5连扳，是一种巧妙手段。

黑8打，过分。到白21时，黑崩溃。

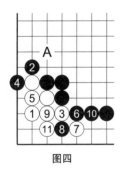

图四

图四 （次序井然）

黑4先打后扳，次序井然。黑10粘是正着。到11白角得八目，黑得先手（A位可暂时不补），大致亦是两分。

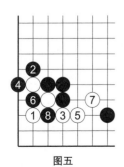

图五

图五 （白不利）

黑4打时，白5长，以下被黑6、8连提，白需逃孤，黑有利。

从这里可以看出，4位打是安全的。黑4如不打，走成图五那样，以后打就成后手了。

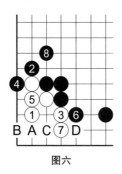

图六

图六 （白亏）

白在征子不利时，误用虎扳，到白7只能立了，黑8补后，白稍亏。和图一相比，将来黑A、白B、黑C，仍是劫。另外，黑D挡，白A补后，白不如图二。

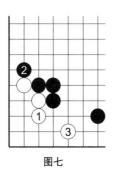

图七

图七 （仍亏）

白1长、白3飞，容易被误认为轻灵手法，其实不然。因为黑外边的下法旨在左边，本图中黑2先手将左边走厚，白亏。

白1、3不得要领。

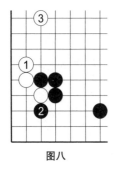

图八

图八 （题外）

白定要侵分左边，于是白1长、3飞，允许黑在2位打，属于题外。

请对照图九，得失自明。

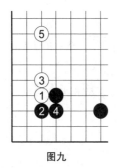

图九

图九 （对照）

早先白1托时，黑2若内扳，到白5是定式。这里的白子比图八要开畅，可知图八中白棋吃亏了。

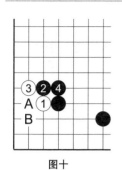

图十

图十 （过程图）

白1托角，黑2扳、4粘，是重视左边的下法。

根据上述各图可总结为，"大飞托角遇外粘，推敲粘虎"（即A粘，B虎）。

本型各图走对或走错，其出入是比较微细的（被征子除外）。能细察这些得失，就具备高级水平了。

第76例　倚盖打入须弃子（高级）

问题图

黑1打入是好点，看来白四子很危险了。

但只要应付得当，仍能化险为夷。

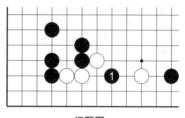

问题图

图一 （被攻）

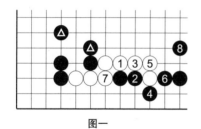

图一

白1压教条，走到黑8时，白缺少眼位，变成一块孤棋。由于黑△有子的关系，白一连串的厚实却无用，反而成为笨重之形。

图二 （分裂）

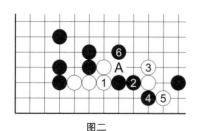

图二

白1粘，过分。黑2并后，白即被分开。以下黑6跳后，白由于不能在A位冲断，而成分裂之形，不利甚明。

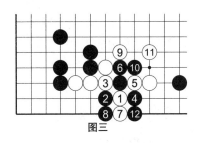

图三

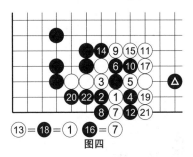

图四

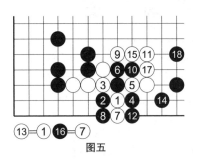

图五

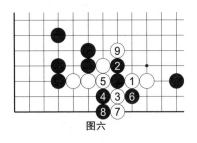

图六

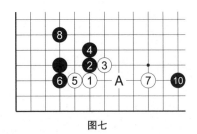

图七

图三 （正解）

白1托是正着，亦可在5位顶，变化大同小异。

以下白采用弃子战术，求"滚打包收"之利。

图四 （续上图）

双方演变至黑22时，黑得实地，白得外势。更重要的是黑△已严重受伤，故而可以视为两分的局势。这里白利用弃子渡过了难关。

图五 （场合）

黑14尖渡，是场合下法，以后黑18跳起总攻白棋。这往往要在白他处还有孤棋，可进行缠绕战术时才适宜。

图六 （还原）

白1顶，以后大致也可还原成托的变化。只有在某些特殊的场合，这里才有所出入。

图七 （过程图）

从1到8是"倚盖定式"之一型。白9脱先是最常见的。黑10逼时，白不补的场合亦很多，此时黑A是好点。

为了帮助记忆，不妨记住"倚盖打入须弃子，可以滚打包收"。具体怎样滚打，可按图三、图六"索骥"。

第77例　点入的部位（高级）

本图是常见之形。白1这步棋虽然不会轻易下，但在对攻过程中，有可能走到。

这时，黑角生出缺陷了，黑A位补才完整。现不补，轮白走如何才能击中要害？

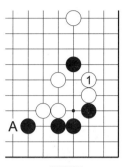

问题图

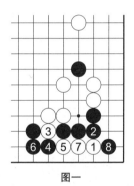

图一

图一　（常法）

白1点入，是对付尖顶的常用手段，在这里却成了帮人补棋。

黑2强手，到黑8角上没有棋，白不利，

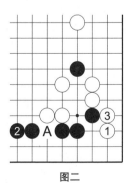

图二

图二　（正解）

白1在这边点，虽不常见，在本型中却是好手。

黑2并或A位粘，均为不得已之着，白3退回生根且得官子，为正解。

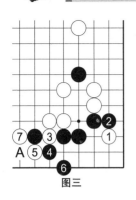

图三

图三　（变化）

白1点，黑2如挡下，则白3冲，5断，黑6不得已而退缩，被白7征去一子，白有利。

如在黑征子有利时，白7只能在A位退，黑勉强还可考虑。

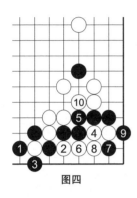

图四

图四　（黑失败）

黑1如强硬打吃一子，白2反吃、4挤（亦可单走4挤），黑5如粘，至白10，黑全灭。

其中黑5如改走6位，黑虽可减轻损失，但总归吃亏了。

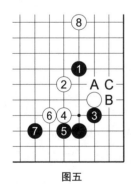

图五

图五　（过程图）

本图是一间高夹走出来的。因为白有A、B、C等处近似先手之着，白8夹方始成立。以后黑在右边用强时，要注意白方侵角的手段。

本型请记住"高夹飞压，其边若固；侵角生根，点法有二"。

第78例 须跨莫冲（高级）

这是二间高夹走出来的。白方通常先在A位尖。

现在白不走A位，而直接在1位攻黑，你能妥善安排这团黑子吗？

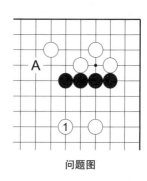

问题图

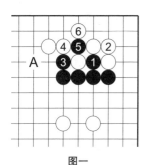

图一

图一　（俗手）

黑1挤、3打，在白A位有子的场合还情有可原，用在这里是俗手。结果到白6后，黑自塞变化，整块棋缺乏眼位。

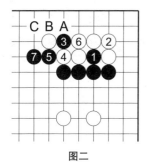

图二

图二　（改良）

黑1挤后、3跨，做了一些改良。

白4冲不好，被黑5打后、黑7长，以后有A位立、白B、黑C的手段。

本图因白4的不当，黑赖以成功，不能算正解。

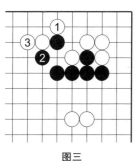

图三

图三　（白妥善）

白1下扳，妥善之着。黑2虎，白3退。这样，黑虽比图一好些，但仍不能满意。

151

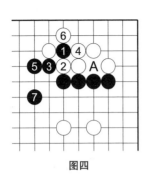

图四

图四 （正解）

黑1单跨，方是正解。白2冲以下到黑7跳，黑出头较畅。

现在A位不交换，官子较便宜，且留有变化。

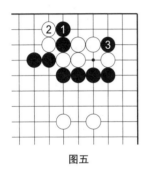

图五

图五 （示意）

上图中白6若不提，现在黑1立是好手，紧接着黑3卡又是关联之着，形成边角两面得利的棋。

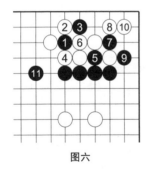

图六

图六 （变化）

白2若下扳，黑3连扳是好手。白4冲时，黑5再挤，次序好！在角上先吃一子，再在11位跳出，黑显然腾挪成功。

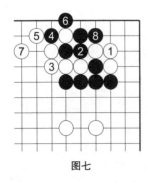

图七

图七 （白被吃）

白1粘，不肯弃角上一子，被黑2打后，走到黑8，白角被吃。

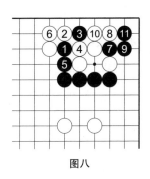

图八

图八 （黑有利）

白4断打，棋形不佳。黑5粘后、黑7卡是好手。应接至黑11拐，黑在角上生了根，且破白空，结果黑有利。

数图对比之下，双方以图四为正。

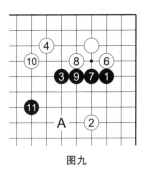

图九

图九 （过程图）

这是过程图，黑5脱先。白方通常在10位尖，黑11象步走出。

白如先在A位跳，黑当注意：能跨须当跨，切莫冲实。

第79例　侵入无忧角（高级）

问题图

白1碰入黑"无忧角"加两个拆二，黑方怎样应对最为妥善？

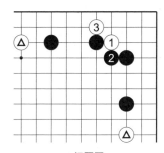

问题图

图一 （一策）

黑1退，3立，以柔克刚，在劫材充足的时候是可行的。

白4立，唯一之着。黑5曲后，白6立，角上成为劫杀。

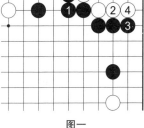

图一

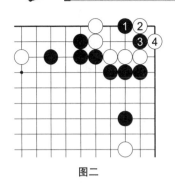

图二

图二 （劫）

黑1点，要点。白2靠，黑3打，白4作劫。这个形请记住"角上三子，扳立作劫"。

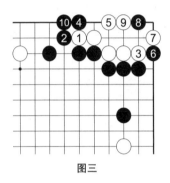

图三

图三 （净死）

白1随手一长，反而补不活了。黑4扳后，成为"大猪嘴"，到黑10粘，白被杀。这真是"随手一长，便成猪嘴"。

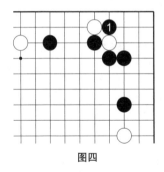

图四

图四 （题中题）

黑1打，是重视角地的下法。这时，白应当怎样下呢？

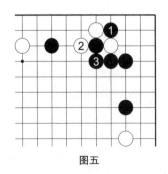

图五

图五 （随手）

白2打，随手。这样打也不能算坏棋，但必须看清变化。如果打吃以后，缺乏后续手段，那就吃亏了。

白2如果不打，还有什么手法，你知道吗？

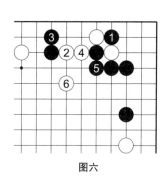

图六

图六 （轻灵）

白2碰，是腾挪的轻灵之着。黑3立，过强。这时白4再打，6跳出，白成功。

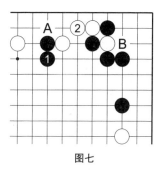

图七

图七 （中计）

黑1长，无谋。白2退后，产生了A、B两个好点，白必得其一，明显有利。

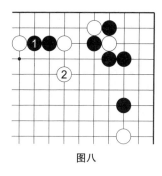

图八

图八 （白可战）

黑1并，虽可阻渡，但白2跳出，白亦可战。

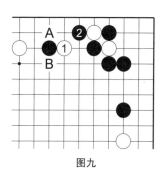

图九

图九 （转换）

白1碰时，黑方以补净为好，因此黑2才是正着。不过，现在白可选择A或B，在很多情况下要比图五灵活。

从这里我们可以看到"留有变化，腾挪为妙"。

第80例 斜飞逢单跨（高级）

白1跨，在近年来对局中曾一度流行过。这是一步强手，以后的变化如何，你能说个大概情况吗？请注意△的位置。

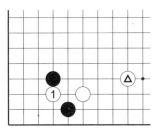

问题图

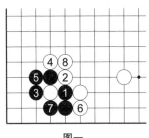

图一

图一 （软弱）

黑1，白2是必然的，变化从黑3开始。

本图中黑3打吃软弱，被白4、6两面利用，筑成理想之形。

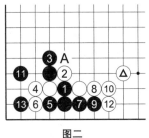

图二

图二 （白不当）

黑3长，虽是强手，但未必能成立。白4针锋相对，到7均为正着。白8欠考虑，到13后，黑得角地，白得边势，白△位置不好，加上黑有A位打之利，结果于白不利。

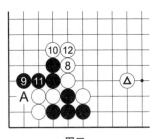

图三

图三 （生动）

白8压，是考虑到白△位置的好手，走到12，白外势整齐，角上还留有A位挡的余味，白方生动。

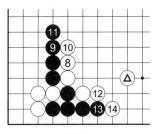

图四

图四 （黑被吃）

白8压时，黑9长抵抗，白10再压，这时黑如让白扳头，当初还不如不长，因此11还得长。白12、14后，△正好帮忙，黑五子被吃。

这两个图证明了，黑3这一强手在一般场合是不成立的。

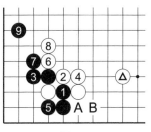

图五

图五 （正变）

黑3立是正着，这时白4粘亦冷静。黑5是否先在A位曲，与白B位交换，得失很难判断。

以下应接到9飞，告一段落，结果大致双方都能接受。

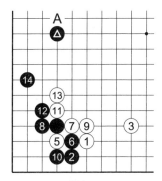

图六

图六 （黑4脱先）

这个形的出现，往往是在左边黑已有△或A位有子时。走到黑14时，吴清源认为局部无疑是黑有利。但石田芳夫觉得黑△位置不好，白可满意。

我们可以归纳为，在黑没有△的情况下，白5单跨，白稍不利。有△时可记住"斜飞逢单跨，立应两不亏"。这是本型要领。

第81例 扳角取势（高级）

本图是白挂黑大飞角后，再点角形成的。

白1长是定式。现在轮黑走，应当采用怎样的着法呢？请注意右边白三子是比较坚实的。

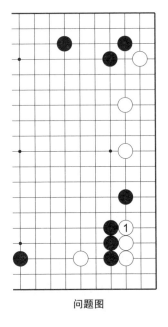

问题图

图一 （退，弱）

黑1退，软弱，这种走法太缺乏魄力了。在点入大飞角的情况下，很少有这样下的。

白2、4先手活角，白棋便宜。

图二 （常法）

黑1顶，是对付点入大飞角的常法。但现在这样下却忽视了右边白△三子比较坚固的前提。白6跳起后，黑方不利。

不过，因为黑1在很多场合是正着，所以知道这样下的棋手亦已有中级程度了。

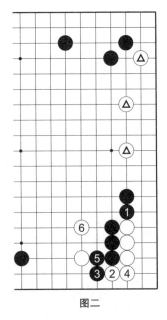

图一   图二

158

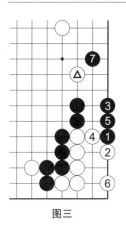

图三

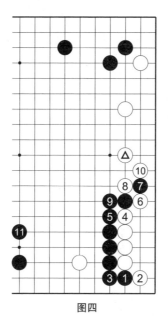

图四

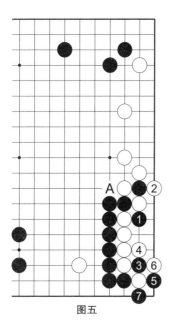

图五

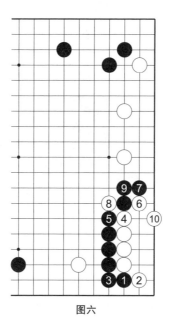

图六

白10时，白虽吃黑一子，但△位置十分重复，黑利用弃子筑成厚势。黑11跳起，很充分。

这一变化，黑方充分利用了右方白三子的特点，迫使对手向已坚实处发展，使其价值相应变小。

图五 （余利）

以后黑除了可在本图A位打之外，如果想得实地，还有1～7在角上做劫的手段。

图六 （抵抗）

黑7连扳时，白利用右边三子较坚实的前提，在8位断打，就意思上来说是符合棋理的，但实际上要成立，还需要更多的条件。例如征子白有利等。但即使这样，黑也不至于束手无策。不过我们应当知道白有8打这种着法，要做到心中有数。

图三 （参照）

如果白右边并不厚实，或者像本图这样，上图黑1顶的下法就成立了。

以后角上有1～5的先手，黑7溜进了白空。

图四 （正应）

黑1扳也是常用手法，对本型很适用。以后黑7连扳又是好手，到

159

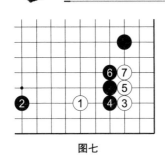

图七

图七 （过程图）

白1挂，黑2夹，白3点角就成了本型。

此型有图二和图四两条主要的路，选择哪条，要视周围配置而定。

第82例　勿伤左右（高级）

问题图

黑1挂，白2没有在A位补，而于2位夹。这时黑应当怎样下呢?

清注意配合左边的定式。

图一 （不合常识）

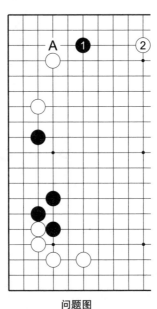

问题图

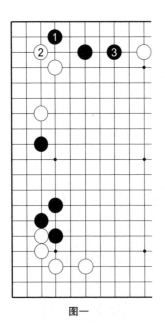

图一

黑1飞、黑3拆一，就本身来说虽不算坏形，但白2尖后，白角舒畅。

黑1飞是用来对付小飞守角的，不宜用来对付大飞角。

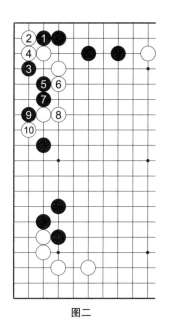

图二

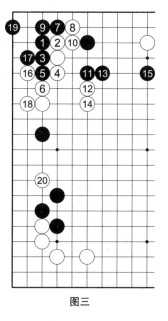

图三

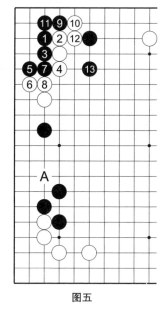

图四

图五

图三 （左边牵连）

黑1点角属常识性着手，黑3是正着。白4长后，首先想到的总是5长，7、9扳粘吧！但是这样却不太好，因为角上白有16、18的便宜（还有81例图三的手段），白20打入，对黑左边影响较大。黑5未能照顾到左边。

图四 （正解）

黑5单尖是正解。这样走既不伤左边，也不伤上边。如果先A扳，被白B，黑C，白D后，白就厚实了。

图五 （假设）

如果这时白6尖，黑7团，与白8交换，黑9再扳、13跳起还原成图三，只是多了5和6的交换。但是这个交换，不仅使黑角空增加，而且角上一切妙味俱消，白不利。这时，白不能贸然A位打入。

图二 （理由）

大飞宽了一路，不但得空多，而且以后黑1长入、黑3点的手段反而不能成立。

图中从黑3到白10是示意。

161

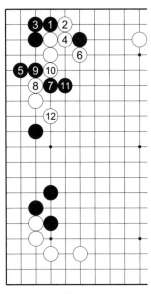

图六

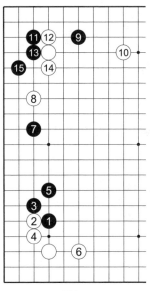

图七

图六 （参考图）

黑点"三三"后，黑1扳，5飞，是一种可供参考的下法，在本型中还不怎么行得通。

因为白6补后，黑7飞出作战毫无胜算。如果在飞出作战有利的场合，这种走法是很好的。

图七 （过程图）

在白左边有星、小目的时候，黑1高挂，就很容易走成本型。

从11到15的走法可归纳为"拦住大飞，三三点入；勿伤左右，二路尖活"。

第83例　团的好手（高级）

问题图

白1托，是需要注意时机的。

白1托后，黑应当怎样下呢？如果应得不好，白就得利了。

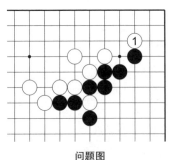

问题图

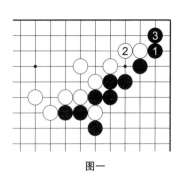

图一

图一　（黑软弱）

黑1扳，软弱。中级程度者，为了求简单，往往这样下，但白2退后，白先手便宜了。

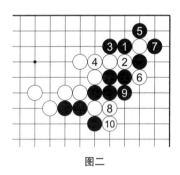

图二

图二　（失误）

黑1扳，是本定式中另外一型的下法。现在黑在中腹定型后，1扳就不成立了。

到白10拐时，黑濒临崩溃，看来边上五子和中腹三子是无法兼顾了。

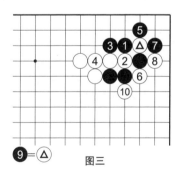

9 = △

图三

图三　（参考图）

黑1扳的下法，是这种情况下的正着。至白10征吃两子，成为定式的型。

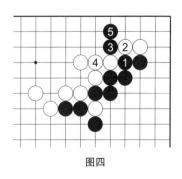

图四

图四　（正解）

黑1团，愚形之好手。以下黑3打，5立割裂白子，进行作战是正解。

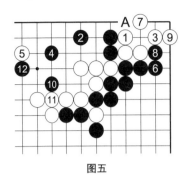

图五

图五　（续前图）

白1若挡，黑2跳是正着。以下白3活，较委曲。黑6、8定型后，至12逃出，成为可战之形。

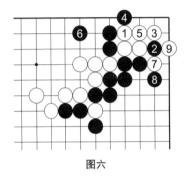

图六

图六　（意料之外）

黑2以为抓紧时机一扳，黑4一打，十分快活，却是意想不到的不中用。黑6还得补，黑2这个子成了奉送眼位之着。本图黑棋明显不如上图。

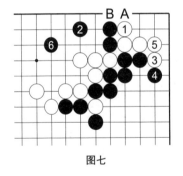

图七

图七　（补活难）

黑2跳时，白3若扳，黑4挡，白5粘后，白角仍未活净。

以后白要靠A位先手才活，黑在外面就可再补强一手。

另外，白A位立时，黑还有B位挡，角上白棋仍嫌不干净。与上图出入不小。

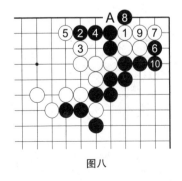

图八

图八　（白死）

白3曲，黑4粘，无羡。

白5欲杀黑，这时黑6扳、8打于要点，到黑10接，白差一气，反而被杀。白如A位扑，虽可成一气劫，但与净死相差无几。

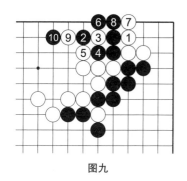

图九

图九 （黑逃出）

白3先挖，形似巧妙，其实不然！

白9扳时，黑10夹，可逃出。白角还需后手补活，白不利。

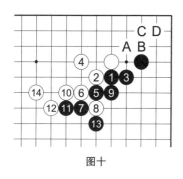

图十

图十 （过程图）

这是高挂外托定式。经黑7以下定型后，白通常的下法是A位尖，黑B位挡，以下白C、黑D是行情。而贸然在B位托，则十分危险。

棋诀曰："中腹已定型，三三不可托。两扳皆不佳，一团方可杀。"

第84例　拆三点入拆二托（高级）

问题图

白下边是有缺陷的。现在轮黑走，你对侵入白空寄予怎样的希望呢？

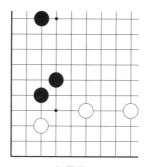

问题图

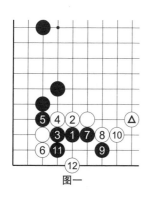

图一

图一 （贪）

黑1穿入白阵，以下黑3、5企图吞掉白"三三"之子，犯贪得之忌。此时白△起了作用，走到白12，黑五子全灭。

如果边上没有白△这个子，本图的黑下法是有力的。

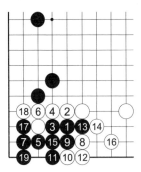

图二

图二 （不能考虑）

黑5扳、7长，在角上活出一块，到19时，白太厚实了，黑左边严重受伤。因此，这种下法通常是不能考虑的。

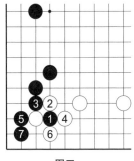

图三

图三 （黑亏）

黑1跨，被白2扳后，黑3、5不得已弃子，不是上策。走到7。黑虽得角地，但被白先手提一子，结果黑吃亏。

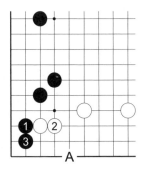

图四

图四 （正解）

黑1托，是正解。白2并，好手。黑3长进角后，适可而止地取得了应得的便宜。

白下边四子还有点薄，将来收官有A位大飞的便宜。这样恰如其分，才是正解。

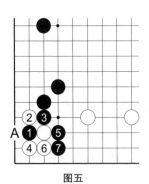

图五

图五 （白过分）

白2扳吃一子，嫌过分。黑7后，白下边被破，角上黑隐伏着A位立的杀着，白需后手补活，显然不利。

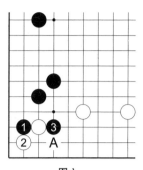

图六

图六 （白亏）

白2扳，不得要领。黑3夹是好手，这样不管白怎样应付，吃亏是难免了。

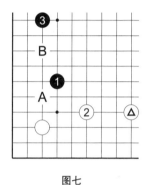

图七

图七 （过程图）

本型中黑在A位尖这步棋非常大。如果不尖，白有B位打入的手段。黑A尖后，就能对白空侵分。

侵分的办法是看白下边△的距离。如果是拆三，就可按图一那样点入。本型不妨称为"拆三点入拆二托"。

第85例　当弃莫惜为子效（高级）

问题图

白1靠、3断，是一种高等战术。用意是使用弃子法，使黑子力重复。这里黑△和白△的交换，是运用这种手段的前提。现在，黑应当怎样下呢?

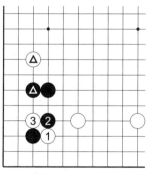

问题图

167

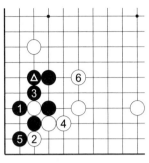

图一

图一 （息事宁人）

黑1打，最老实的下法，是一种息事宁人的态度。但这样下，黑方显然吃亏了，白棋利用弃子使黑重复的目的已经达到，现在黑△几乎是完全多余的。

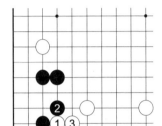

图二

图二 （对比）

白3不断而退，是常用手法。两图相比，得失自明。

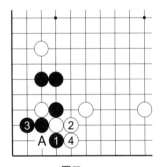

图三

图三 （黑亏）

黑1打，3立，以此避免重复，想法虽可取，实际上还行不通。

白4曲后，拆三已补好，且得空较多，角上还有A位的大官子。

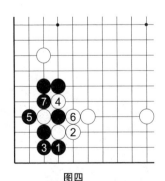

图四

图四 （白无聊）

黑1打后、3粘，弥补了上图的缺陷。这时白4打，不得要领，到7时黑反弃一子，白显得无聊。那么，白还有好办法吗?

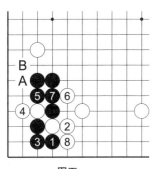

图五

图五 （弃子）

对于黑方的强硬抵抗，白4立，多弃一子是好手。

黑5只能团，否则白在A位托可杀黑角。双方走到白8后，白拆三同样已补好，上边还留有B位尖的先手。

因此，这一结果也是白稍好。上图中黑1打、3粘仍不是正解。

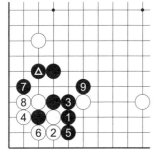

图六

图六 （正解）

黑1打、3粘，才是正着。走到9时，成为转换。这样△发挥了效力，结果两不吃亏。

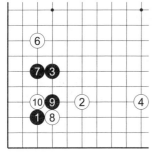

图七

图七 （过程图）

这个型是白挂"三三"后走成的。黑5脱先，这是常有的。其中黑7立补，稍嫌呆滞。白8、10是一种有力的场合下法。

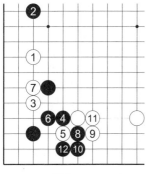

图八

图八 （夹击）

上图黑7时，首先要考虑的是在本图2位夹，双方走到12为常型，两不吃亏。

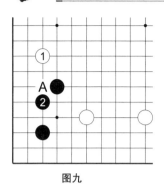

图九

图九 （一法）

如果在不宜夹时，本图中白2补也是一法。它对白1的威胁虽小些，但对下边的作用就大得多了。一般来说，要比A位立稍好。

第86例　打入斜三压为正（高级）

问题图

黑1打入拆三，白棋应当怎样对付?

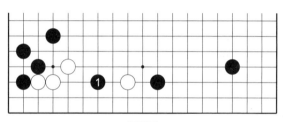

问题图

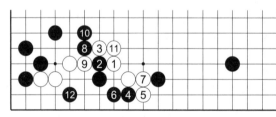

图一

图一 （过分）

白1尖，过分，对本型不适用。双方走到12时，白角被吃。

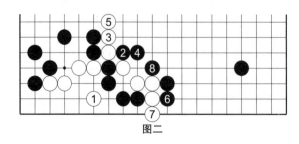

图二

图二 （白溃）

上图白11改在本图1跳，以下黑2打、4长时，白5必补。走到黑8，白仍溃灭。

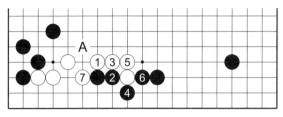

图三

图三　（正解）

白1压，是正解。双方走到白7，黑得到了打入的效果。以后还有A位刺的便宜。对白方来说，这是最好的应对。

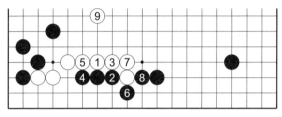

图四

图四　（假利）

黑4先长一手，迫使白5粘，好像是先手便宜，其实不然。因为这样白粘后，可在边上少花一手棋，如果这一步棋下在9位一带，白也不会不如图三的，所以黑4是假便宜。《弈理指归》说："莫图假利除他病。"

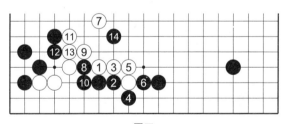

图五

图五　（牵制）

图三中黑子未长，白7如仍向中腹行棋，就显得薄弱了。一旦机会成熟，黑即在8位挖。以后黑14又是攻击急所。

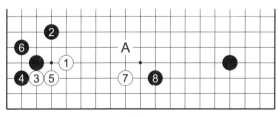

图六

图六　（过程图）

这是高挂定式的一型。黑8时，白往往需要在A位补，因为打入斜拆三，对于黑方来说是有效的。

结语："打入斜三压为正"。

第87例　斜三孤单须自补（高级）

上面说过"斜三须压"。现在黑1打入，很少有人考虑A位尖吧！那么，压了之后的变化怎样呢？

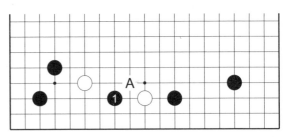

问题图

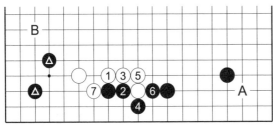

图一

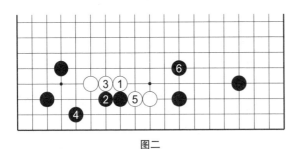

图二

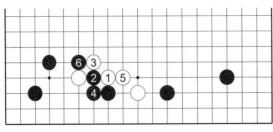

图三

图一　（逆）

白1压后，黑2长，模拟上图下法，在本型中却不是正解。因为到7后，白形较厚实，黑右角尚有A位被点入的缺陷。左角黑△两子亦有被白B位反攻的可能。从整体看，白棋已畅，黑却没有增加多少实空，所以黑2行棋方向逆了。

图二　（正解）

黑2向这边长，正着。进行到黑6时，白形较上图薄得多，与图一相比之下，便知本图是正解。黑打入获成功。

图三　（白恶）

黑2挖，是征子有利时的有力手段。白3打，5退软弱。黑6断后，白无好应手。

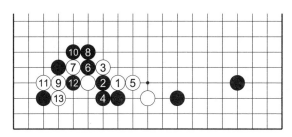

图四

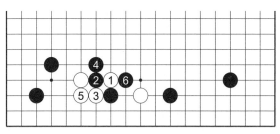

图五

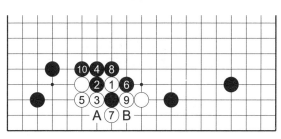

图六

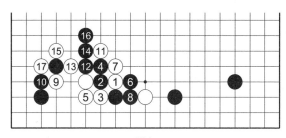

图七

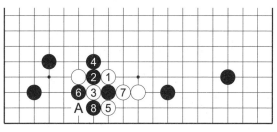

图八

图四　（续前图）

　　像白7打出这样的方案，是不必考虑的。因黑12提后，外势太雄厚了。白右四子成为孤棋，而角上黑子却还有余味。

图五　（征子关系）

　　白3断打，势所必然。到白5粘，黑6征吃，就和征子有关系了。

图六　（黑厚）

　　白7若在二路打吃求渡，黑10曲后。中央厚极，黑方明显有利。以后A或B位断，尚有余味，而此劫黑方极轻。

图七　（腾挪）

　　白7若能逃出，黑8只能粘，白9以下形成转换，白方可下。其中黑10若于11位长，白10位挡，白亦可下。

图八　（劫）

　　白3打，白5抱吃一子，是最强的抵抗。关键在于黑8打后，这个劫谁能打胜。如果黑8不能打，这个型黑未见便宜，不如按图二。

　　如黑8打后，白随手粘，黑再A位粘，白一眼被灭，不能忍受，故而此劫是不可避免的。

173

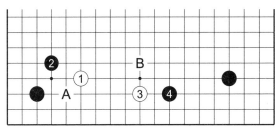

图九 （过程图）

本型是这样走出来的。黑4时，白通常要在B位补。如果左下角是大飞的话，也可在A位尖补。

图九

本型中经黑打入后，黑所得较多，因此白补一手是十分必要的。这可称为："斜三孤零须自补"。它和上一型情况是不同的。

第88例　一型三理（高级）

问题图

黑1是好点，具有高级程度者需解答三个问题。

（1）白先，怎样补?

（2）黑先，如何攻?

（3）为什么黑1是要点?

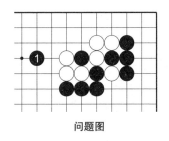

问题图

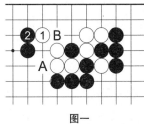

图一

图一 （俗手）

白1尖，是初、中级程度者易下的俗手。被黑2挡后，从棋形上看白弱黑强。

以后，黑A位扳是先手，白须补B位的弱点。

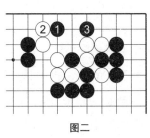

图二

图二 （大官子）

续图一，黑又含有1点、3托的好手。这两步棋所得也不小。

所以，上图中白尖是坏棋。

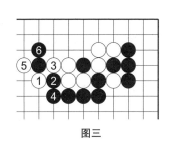

图三

图三 （白苦战）

白1靠出，急躁。现在黑2挖，强手。

白3、黑4为必然之着。白5如向下打，黑6立后，白陷于窘境。

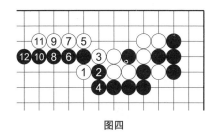

图四

图四 （黑雄厚）

白5改在三路打，虽可轻易活出，但黑势十分雄厚。这样活棋，必败无疑。

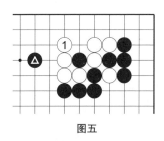

图五

图五 （正解）

白1立，是冷静好手，正着。

在这里请记住"补棋要净"。本图比图一"拖泥带水"补棋要好得多。

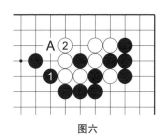

图六

图六 （凑着）

白方不补。黑1扳，是凑着。白2立后，等于白先在2位补，黑自然不应当在1位扳了。

黑1如在A位尖，就更不好了。白同样在2位补，A位黑子还不如放在1位。

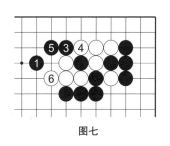

图七

图七 （严厉）

如白2脱先，黑3扳，严厉！白4如提，黑5退，白6只好出头，但前途渺茫。

从本题黑1可以看出，"敌之好点，往往是我之好点"。

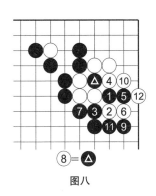

图八

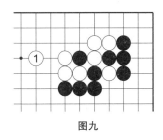

图九

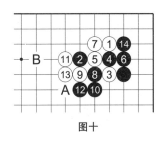

图十

图八　（参考图）

本图是白一间低夹，黑飞压后，白连续脱先而形成的。

白6挡下，虽能吃住黑两子，但被黑7打、9夹，收尽弃子之利，白吃大亏。棋诀曰："滚打包收谨须防"。

图九　（要点）

白1自补，要点。本图和问题图出入颇大。

这里再次说明了"敌之要点，即我之要点"。

图十　（过程图）

本图是大斜定式以后走成的。A、B两点是双方的好点，且与这个形相似的都有共性。

这个型中包含多种道理，即"补棋要净"，"敌之要点，即我之要点""滚打包收谨须防"。

第89例　借势强攻（有段）

问题图

右上方也是常见之形，问题在于本型白未补，那么黑怎样利用△的厚势，对白发起猛攻呢？

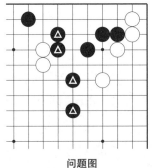

问题图

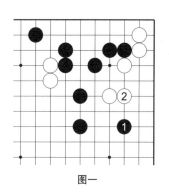

图一

图一 （墨守成规）

黑1墨守成规，被白2补，白即安定，失去了攻击的极好机会。

这是没有充分利用黑方已厚实的特点。

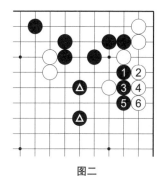

图二

图二 （不彻底）

黑1夹，虽然前进了一步，但仍不彻底。

白2避重就轻，到6白角已活，黑因已有△之厚势，故而所得并不多。

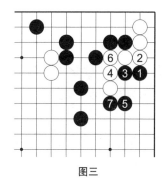

图三

图三 （击中要害）

黑1点，奇手！这是在通常情况下不能考虑的着法，在本型中却击中了白的要害。

白2如粘，黑3冲是好手，以下黑5跳出时，白6粘不是先手，被黑7封头，白不能活。变化见下图。

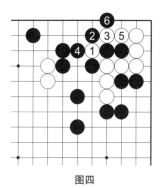

图四

图四 （参考图）

续图三，白1断后，白3、5滚打，此时黑6一扳，白角即被杀。

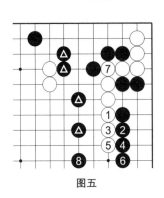

图五

图五　（仍苦）

图三中白6如果改在本图1位压出，待黑6时，白7再粘，但黑8跳后，白大块仍然生死不明。

本图中黑充分发挥了△的作用。

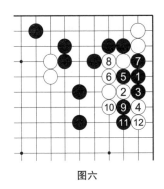

图六

图六　（顽抗）

图三中黑1点时，白2并，顽强抵抗。黑3以下次序很好。

黑9断后，白10、12企图上下兼顾。对此，黑应怎样下呢?

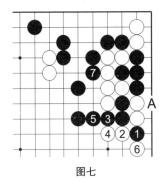

图七

图七　（大利）

黑1扳，好手!逼白2断打，顺势收紧了中腹白子的气。最后，白中央六子被吃，黑收获甚大。

将来，黑A位打可先手阻渡。

通过本图可使我们懂得强弱的辩证关系，在我强敌弱时，攻击往往可以用强。

第90例　三六侵角压与挡（有段）

问题图

角上黑三子是常型，白1打入是常法。

以后的变化又怎样呢？

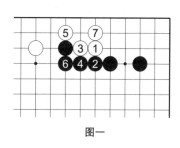

问题图

图一　（黑软弱）

黑2压，为了取势，但黑4挡软弱，白5扳后，就连通了，白成功。

黑方这种下法是初、中级水平棋手的感觉。在让子棋中，为了求得简单明了，是可以这样下的。同时，在让子棋中，黑棋的外势总会自然而然地相互呼应，在对子棋中就不同了。

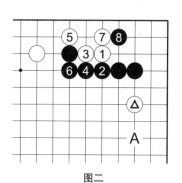

图一

图二　（参考图）

在大飞角、玉柱守角的情况下，黑4压，才是正着，到黑8以后使右边一个白子十分孤立。

如果这个白△放在A位，情况就大不一样。

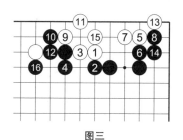

图二

图三　（强手）

黑4退是强手。白5先飞进角是轻灵的好手，黑6、8是应法的一种。白9扳后到15做活。黑也乘机走到了12和16两手，成为外势和实利的转换，是两不吃亏的正解。

图中白棋只成了四目，而黑棋左右均得势，与图一比较得失自明。

图三

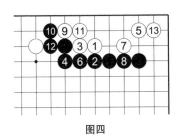

图四

图四 （厚实）

现在，黑6粘，是厚实的下法。到白13止与图三相比，黑外势更加厚实，但白方角空也多了。本图中视局势也可采用。

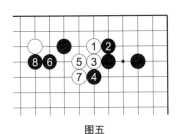

图五

图五 （白俗手）

黑2挡，是取地的正着。这时白方怎样下是关键？

白3贴，凑黑4扳头，是俗手，以后白5曲出，形不好，棋很重。到黑8压时，为黑方有利。

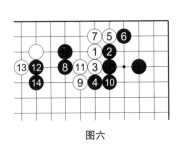

图六

图六 （黑可战）

白5扳，虽比曲出进了一步，但并不能解决问题。

黑8是好手，白9扳后，黑10是连贯的要着，这时切不可在11位断。黑10粘，逼白11粘，黑12再压出，成为黑方可战之姿。

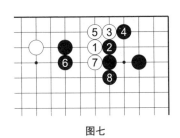

图七

图七 （白苦战）

白3、5先扳，黑6是攻击的要点，白7挺，黑8平易地退，白陷于苦战。

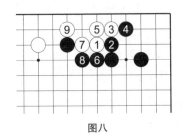

图八

图八 （黑软弱）

黑6曲，软弱。至白9就连通了。

但在对局中，由于周围配置的关系，这个图是常能出现的。所以常识和实战，也还有一段距离。

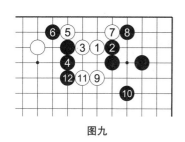

图九

图九 （黑可战）

白3碰，稍嫌重。白5扳，7再扳，是出头的好手法。但黑10轻灵地走，到黑12。双方向中腹出头，黑方稍好下些。

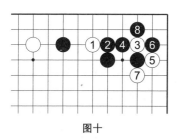

图十

图十 （腾挪）

白3不直接动出，先在角上靠，是腾挪的好手法。黑4重视上边，白5、7转向右边，取得一点便宜就可以了。

这是黑2挡角后的正解。

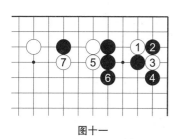

图十一

图十一 （平稳）

黑2如果从二路扳，白3断是弃子，黑4打后，白5再压出。

黑6有多种下法，今退是稳健的，白7压出，白1靠的着法成功。

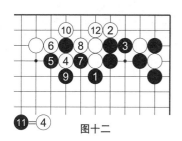

图十二

图十二 （渡过）

黑1扳，虽是强手，但白在角上已预做准备，2扳时迫使黑3团，白4再压出，到12止得以渡过，不失为一策。

上述数图说明了黑如"三五"挡，白以托三三求腾挪为好。

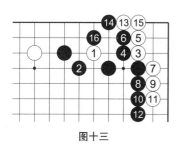

图十三

图十三 （尖，缓）

白1打入时，黑2尖，是缓手，这时白3靠，十分生动。

黑4虎时，白5立是好手。以下走到黑16。白先手活，黑吃亏了。

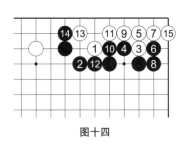

图十四

图十四　（白有利）

白5立时，黑6如扳角，白7以下到15，白同样活了。

本图和图三、图四相比，可以看出这里的黑棋外势不如上两图，白外面一子受伤也轻。所以，黑2尖的下法不算好。

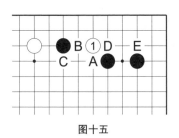

图十五

图十五　（结论）

白1点入，黑如取势可在A压，但白B黑必须走C阻渡。黑如欲取地，D挡后，白应该在E位碰，求腾挪。

据此不妨归纳为："三六点将来，推敲压挡间。遇挡须腾挪，用压阻敌连。"

第91例　空枷的妙手（有段）

问题图

这是常见的形，黑1、白2互断后，黑将如何下呢？

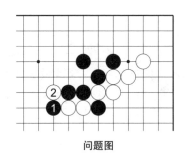

问题图

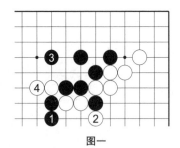

图一

图一　（一法）

具有中级程度的棋手，往往不假思索在1位长，待白2补后，再黑3跳，这是可下的。但不假思索却不好，因为对于黑方上边的弱点必须心中有数！

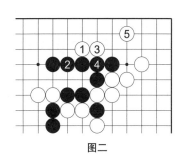

图二

图二 （黑弱点）

黑上边是有弱点的。白1是好手，到白5，白不仅得了很多空，而且夺取了黑棋根基。

白1如果单在3位刺，那么，黑很轻松地在4位粘，白1与黑2再也交换不到了。

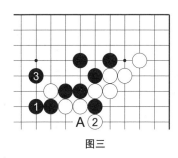

图三

图三 （黑弱）

也有人觉得，黑1长是妙手。白2为了避免A位征子，必须补，黑3枷就太平无事了。

果真太平无事了吗？

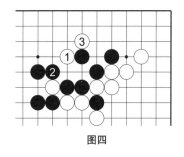

图四

图四 （要害）

白1靠，要点。黑2必补，白3扳，使黑难以应付。

所以上图中黑1是软弱的。如想枷吃白子，当另想办法。

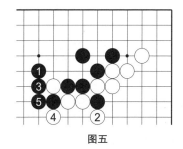

图五

图五 （正解）

黑1单枷，是妙手！白2打时，黑3打是正着，白4虽有先手之利，但黑上边也厚了，要比上图好！

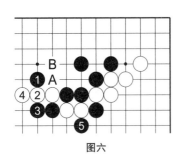

图六

图六　（示意）

白2如长，黑3压、5征，黑有利。

白2如走A位，黑3长后，5与B必得其一，黑亦有利。由此可知，图五是正解。

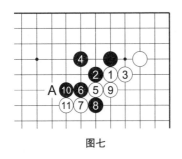

图七

图七　（总结）

这是过程图。黑在征子不利的情况下，下一手往往在A位长。

如果扳后互断，图一虽可选用，但必须知道图二的变化，图三是不好的，应改成图五。

本型的精华在于，改进棋形的这种思路上。不妨称为："吃住敌子，不可满足，注意棋形，改良位置。"

第92例　二路点入宜顶紧（有段）

问题图

单关角加小飞，是个相当坚实的型。

但白△拦后，白1是好点，角上有利用。你能尽述其变化吗？

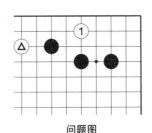

问题图

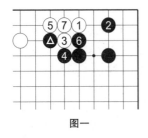

图一

图一　（离题）

白1点，黑2守，离题已远。白3、5轻易渡过，黑损失不小。

黑2的下法是在△位黑子换成白子时的应手。

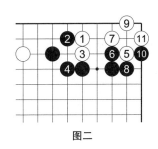

图二

图二　（无谋）

黑2尖，直接阻渡，无谋。

白3顶、5跳，角上有棋了。至白11成劫杀，白有利。

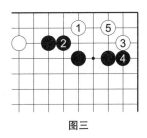

图三

图三　（松）

黑2补，虽厚实，但嫌松。白3飞，黑4如挡，白5尖即有活形，白收获极大。

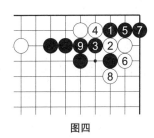

图四

图四　（白转身）

黑1点入攻白，白2、4势必冲断，这样，黑虽吃白两子，白右边已得转身之妙。白成功。

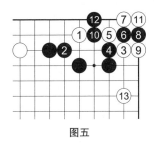

图五

图五　（逃出）

黑4冲、6断，虽是常用手法，但对此型不适用，到白13逃出。这里原是黑阵，白能走成这样，便是大便宜。

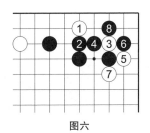

图六

图六　（正解）

黑2顶是正着，白3靠是关键。

黑4在这边顶，白5即扳，演变至黑8，白左边得些好处，但黑角也走厚了，两不吃亏！

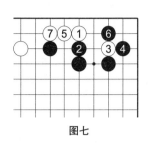

图七

图七 （一策）

黑4扳，白5即长，黑6吃住一手，白7得到渡回，这样黑空虽受损，但右边加强了，亦是一策。

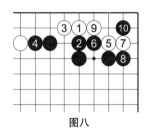

图八

图八 （白次序误）

白3先长，次序误，黑4碰强手！白5再托角时，黑6是要点。以下到10夹，白角不能活。

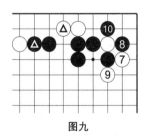

图九

图九 （不合棋理）

白7此时再扳，不合棋理。双方转换之后，白△与黑△交换，白子大亏。如果走出这类变化来，就降为初级水平了。

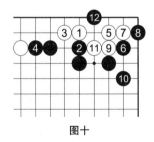

图十

图十 （白死）

白5改走二路跳，黑6是稳健之着。到12，白仍不能活。

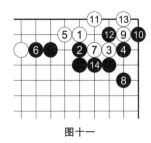

图十一

图十一 （黑过分）

现在白3先碰，黑4从角上扳，白5便成立了。

黑6仍碰，便觉过分！白7顶，黑8虎补，白9扳、11反虎，便成活棋，这样净活，白当然有利。

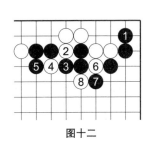

图十二

图十二 （突破）

　　黑1长进角，是有漏洞的。白2冲、4断，次序好，如果先在6冲，难免被滚打包收。

　　此时白8打，突破包围，黑不可收拾。

　　本型十分复杂，可归纳为："二路点入宜顶紧，注意次序先后。"

第93例　点入木谷定式（有段）

问题图

　　本图是由高挂定式形成的。黑1打入是要点。这是常见之形，以后变化怎样呢？

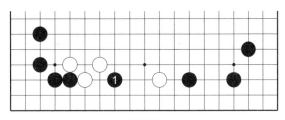

问题图

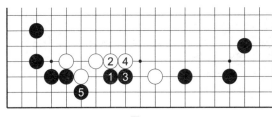

图一

图一 （压，错着）

　　白2压，错着，黑3长后，黑5扳渡，得到很多实空，白不利甚明。

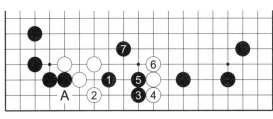

图二

图二 （白4，过分）

　　白2尖是正着，乍看似屈服，其实角上得到了A位扳的便宜。但黑3飞时，白4挡下是过分的，走到黑7时，白两块孤棋，很难处理。

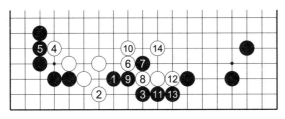

图三

黑3时，白4先尖刺，是旧法。白6跳是正着。黑7跨，为了争先，如果单在11位退，在布局阶段，白很可能脱先。先跨后走到14，黑得先手，是正解。

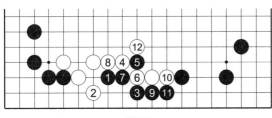

图四

图四 （正解，新法）

上图中白4尖刺这步棋，局部是亏的，所以新法省去这步棋，但这样白8只能粘了，到白12止也是正解。这样下要注意征子关系。

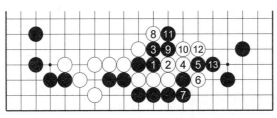

图五

图五 （征子关系）

黑方在征子有利时，黑1可以逃出，双方走到黑13，白方不利。

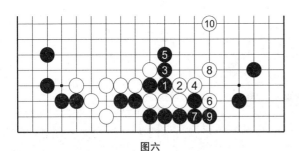

图六

图六 （变化）

在一般征子情况下（即对角双方无子），及征子对白有利时，黑1不能逃出，否则形成本图，黑方不利。这个变化是构成图四"新法"的保障。

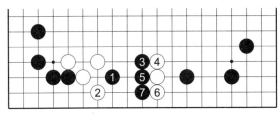

图七

图七 （上飞）

黑方在宜于取势的情况下，黑3改在本图上飞，也是正着。白4挡却是随手，走到黑7时，白陷于和图二相似的困境。

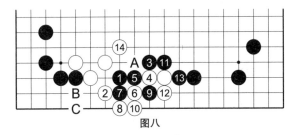

图八

图八 （正解）

遇到上飞，白4、6扳渡是正着，这里应注意的是，4时不要在6单飞，因为这样被黑多了在4位冲的变化。

本图至白14后，黑大多脱先，但如果黑在A位粘，白一般需要在B位虎，以防止黑C位跳的先手。

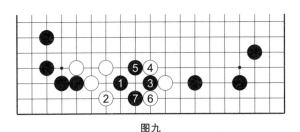

图九

图九 （特殊手法）

黑3碰，在劫材充裕的情况下，十分有利。到黑7作劫，这是一种特殊情况下的着法。中盘战时较多见。

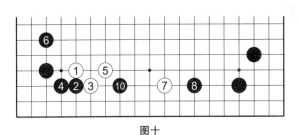

图十

图十 （过程图）

这是最常见的形。黑8这步棋大，瞄着10位的打入，6跳这步棋是日本木谷实九段的首创，本定式称"木谷定式"，10是它的精髓。本型可总结为："三路点入须尖应（图三），下飞得地上飞势。"

第94例 推敲内外扳（有段）

问题图

遇到这样的黑阵，白1托是要点。

以后的变化，你能弄清吗？△一子是必须考虑的。

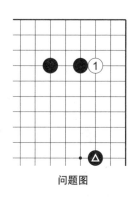

问题图

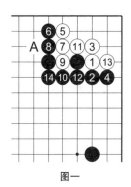

图一

图一 （白稍嫌重）

黑2外扳，是取势的着法。

白3退，虽是常见的下法，但稍嫌重滞。双方行进到黑14，黑外势十分整齐。黑无不满。

其中黑6也可考虑走A位，白11，黑9。白13挡，黑可脱先。

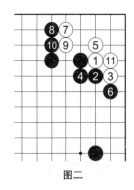

图二

图二 （一策）

黑2扳时，白3在二路扳，是重视右边的着法。

黑4粘，稳重。白7飞后至11虽是后手活，但黑方外势比图一差多了，白不坏。

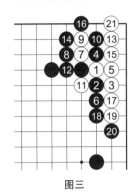

图三

图三 （方向）

黑4打、6长，是强手。白7断，是弃子求活的关键，双方一口气走到21，白方活了。从局部看，黑不坏，但关键在于棋的方向，将黑势转到左方去了。本图的得失，要由黑有多大价值来决定。

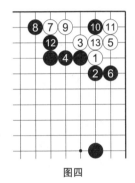

图四

图四 （细功夫）

白3扳，也是可采用的一步棋，黑4粘，常法之一种，关键在于以后下子的次序。

白5虎。黑6立，当然之着。

白7飞后，黑8挡，10点，是细功夫！

白11挡，黑12成为先手，本图中两方各不吃亏。黑在左边成势。

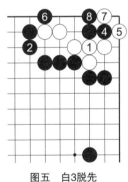

图五 白3脱先

图五 （黑厚实）

白1如粘，黑2即退，这样黑比上图厚实。

白角上如不补，从黑4到8，成为劫杀。

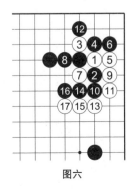

图六

图六 （黑凑着）

黑4打，似强实劣，有凑白行棋之意。

黑6有两种挡法。现从里挡，白7以下次序井然，顺势走到白17。黑方角上子力重复，白有利。

黑12如不补，见下图。

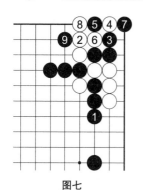

图七

图七 （劫）

黑1若长，白2立，要点。黑3曲虽是好手，但到黑9角上成劫。这个劫，黑方本钱很大，不能轻易这样下。

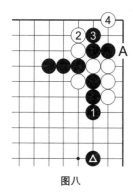

图八

图八 （白胜）

黑3若挡，白4点，黑即死。黑3若于4位跳，白切忌在3曲，只需在A位扳，可杀黑。

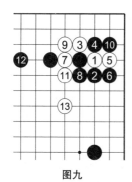

图九

图九 （穿出）

黑6改为外挡，白7打、9粘，好！

黑10吃角上两子，白11穿出，黑12再进行攻击，白13跳出头尚畅，白有利。

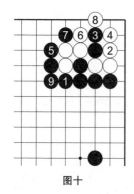

图十

图十 （白角大）

黑1如封头，白2曲打。黑3是常法，在此处并不好，走到黑9，白得角较大，和图一相比，得失甚明。

黑3应当单在5位挡，白3位提，黑7扳，白6团，虽较本图为善，但也是白可下之形。

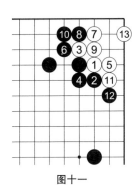

图十一

图十一 （冷静）

白3扳时，黑4粘，冷静之着。

白5立，仍活角。但黑6以后到13，白活角较小，与上图颇有出入。

不过，白5时，下法多一些，如在6长之类。

黑4粘是注意左边，放弃下边的下法。

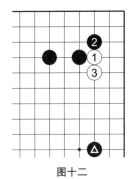

图十二

图十二 （稍嫌重）

黑2里扳，是取实地的下法。

这时，白3如退，则稍嫌重，因为△正好等在那里。这时，白可选用多种多样的下法。

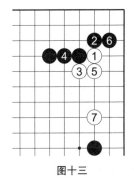

图十三

图十三 （常法）

白3扳，较灵活。黑4粘是最普通的。白5粘，黑6必立，白7拆后，白3与黑4做了交换，使白方安全些。如果单在5退，白3曲，可能有变！

本图为常法。

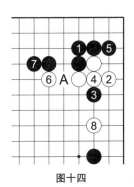

图十四

图十四 （白求活）

黑1如粘，白2可反虎，是求活的下法。黑5立时，白6靠、8拆，这块白棋比较安全了，这也是先扳的好处。

193

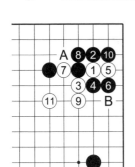

图十五

图十五 （弃子）

黑4打，也是可下的。白5立，弃子作战。黑6挡时，白7打、9退，是关键。黑10是冷静的好手。白11同样冷静，以后A、B见合。本图双方可下。

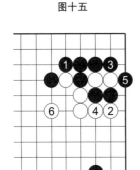

图十六

图十六 （黑稍嫌拙）

黑1先打，被白2、4先手，反而不好。与上图相比，等于黑走了A位，白走了B位，就自塞变化了。

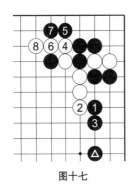

图十七

图十七 （场合下法）

在右边没有黑子时，黑1跳出是定式。如今有△，这个子稍嫌重复，黑方降为场合下法了。

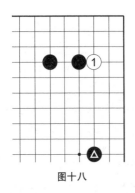

图十八

图十八 （总结）

黑方交错的三子阵，白方托入三三时，从角上单关守角的特性出发，应当内扳。但从边上△出发应当外扳。因而，内外两种扳均可采用。对白方来说，无论对方从哪里扳，总以连扳为好。

这可总结为："托入三子阵，细察内外扳，单退稍嫌重，连扳险复安。"

第95例　三三碰入宜弃（有段）

　　这是二间高挂定式。白1碰后，黑棋怎样应付为好？

　　本题虽然往往牵涉全局关系，但在这里只就局部而言来回答问题。

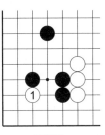

问题图

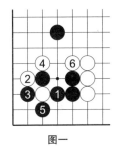

图一

图一　（俗手）

　　黑1曲，自成愚形，是俗手。白2扳后，黑3如不打，白即可活角，但打后走白6时，黑一子被割开，黑亦不利。

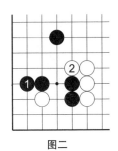

图二

图二　（黑难应）

　　黑1立虽是对付碰的常法，但对本型不适用，因为白2曲后，黑很难应，无论如何要被白方"两边占便宜"，这是下棋中犯忌的。

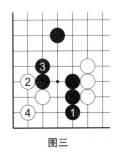

图三

图三　（立，过分）

　　黑1立，虽是强手，但如在对右方三个白子攻击不是十分有利的情况下就过分了。白2、4后安然活出，黑实空大受损失。

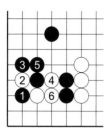

图四

图四　（黑亏）

黑1扳，白2断是好手，击中了黑方要害，走到白6后，白所得不少。

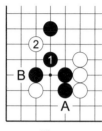

图五

图五　（黑窘）

黑1欲得好形，但被白2点，黑即处于窘境，黑如在角上弱应，白还有A扳的便宜，而左边已多了利用，黑不利。

黑如强应，白B扳可活。

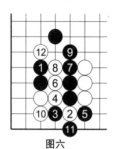

图六

图六　（贪得致败）

黑1并，是此型要点。白2扳，黑3挡时，白4如在5粘，黑4粘，白方仅一边得便宜，黑可下。因而4断，这时黑5贪得被6滚打后，12活角，黑棋亏。

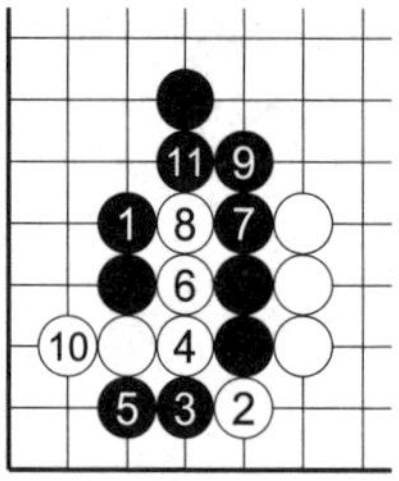

图七　（白败）

现在黑5爬进角，是正着。白如法炮制至11时，白反被吃，所以上图中白4断，并不成立。

图七

图八　（过程图）

本图中黑7近来下得较少，白8碰入后有段者以下的棋手往往应不好。

如果读者觉得变化难记的话，不妨记住"三三碰入宜并，谨防两方被利"。

"被利"是日本术语，有被对方占便宜之意。

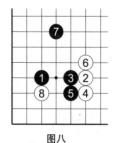

图八

第96例　拆三被打下托宜（有段）

问题图

黑1打入拆三，在对局中是常遇到的，变化较复杂，你打算怎样应呢?这是考验棋力的时候。

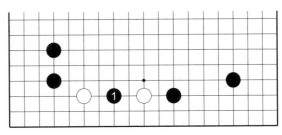

问题图

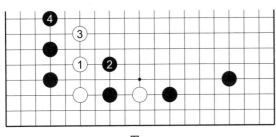

图一

图一　（无策）

白1跳出，虽然平易，但不是好棋。黑4跳后，黑在边角顺手得空，边上白子不易安定，白棋亏了。

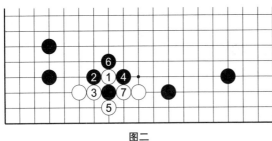

图二

图二　（软弱）

白1压，送一子求联络，是让子棋中下手的思想方法，结果更吃亏。

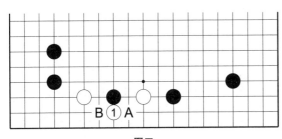

图三

图三　（正着）

白1托是此际的好手。以后变化较复杂。

黑有A、B两种下法，分述于后。

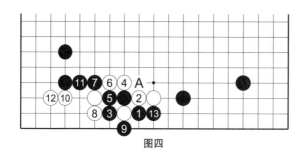

图四

图四 （常型）

黑1扳，白2断是最常见的手法，双方一口气下到9时，白10有两种方案。

本图中白10是妙手，黑11只得粘，白12得角，黑13补后，中腹白子很弱，双方可下。其中黑13如征子有利，在A位断十分严厉。这样白就不易得角了。

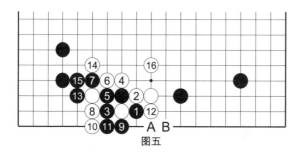

图五

图五 （一法）

白10立下，是打算弃子，走到16以后，有A或B的先手，亦是一策，在吴清源时代，本图是常法，因为那时较"尊势"，现在较"重地"，图四反而优先考虑了。

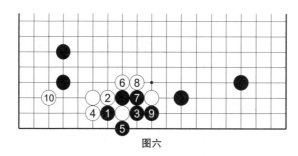

图六

图六 （白好手）

黑1向这边扳也是常用的，其中白4是好手，含有侵角之意。黑5提后到白10，成为转换。白比图七那样的旧法来得好。

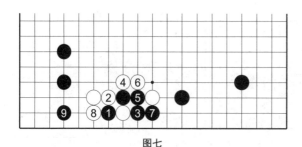

图七

图七 （旧法）

本图先压后打，黑9就可以不提一子而守角了。

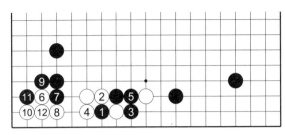

图八

图八　（黑好手）

黑5粘，是不容易想到的一步棋。到12时双方均正变。黑重视右方。这种下法，是最近流行的。

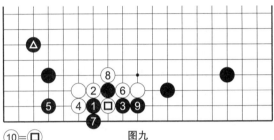

⑩＝□　　　　图九

图九　（参考图）

黑左角一子如在三路，应考虑5跳的下法。黑角空较完整。

白6是好手，到白10成为打劫。此劫常打打停停。

图十　（过程图）

本型是这样下出来的。白1分割二连星阵，黑2在哪边都一样，白3后脱先，被黑A位打入，白B托。请记住"拆三打入下托宜，伺机转换。"

图十

第97例　打入拆三尖对尖（有段）

问题图

白1打入拆三，黑2尖是极其常见的。

以后白应当怎样走呢？

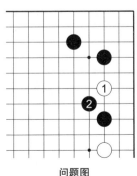

问题图

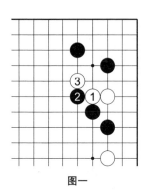

图一

图一 （俗手）

初、中级程度的棋手，首先想到的是1长，3扳，但这是俗手，后果是不好的。

黑接下来该怎样下，请你想一想？

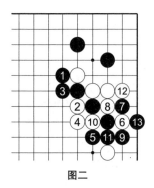

图二

图二 （白不利）

黑1连扳，是好手！白2如果在这边打，经4长后，黑5单尖出是正着，如果在8团，白12位立，黑形不佳。

现在，让白6托，黑7扳吃一子，到黑13时，白虽逃出，但黑上下皆厚实，白右边一子已无用，得不偿失。

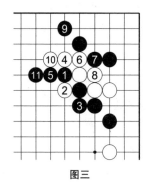

图三

图三 （黑厚实）

白2改在这边打，结果更不好。白4、6逃出时，黑7是要点。接着，黑9尖，逼白在10长，黑11顺势走厚。这样，白方仿佛是在黑胡同里行走一样，是看不到前途的。

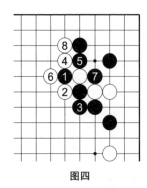

图四

图四 （黑贪吃）

白4打时，初级程度者往往爱在5位挤吃，被白6先提一子，不好。

黑7断时，白8挡是要点。这样，这个劫白方很轻，角上留有余味，黑不利。

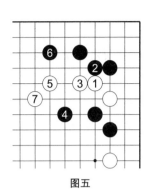

图五

图五　（常型）

白1尖，才是正着，黑2挡，是厚实的下法，以下应对到白7是常型。

这两个白子是吃不住的，变化见以下各图。

图六　（镇，白活）

黑2镇，张牙舞爪，这是较高水平的棋手也爱下的，不过用处不大。

白尖出，黑4如挤断，被白9打、11立，白棋活了，留有A位冲断的余味，白有利。

图六

图七　（荷叶包蟹）

黑2改在本图飞封，白方如果走得不好，就会落在黑方网里。

白3、5是正着，这样生出9位打来。

到此可以发现，黑方的包围圈毛病百出，江南有名俗话叫作"荷叶包蟹"，意思是包不住的。

但是，白方如何突围，却至关重要，请你先想一想！如果能答对，你就具有高级程度了。

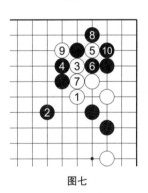

图七

图八　（征子）

白1打，先手便宜。不要忘记！

白3压，好次序。这时切不可在9冲，因为9那边白形是"小飞"，棋诀说："飞宜跨，切忌冲。"

白5跨，切中要害。黑6跳，是要点，也是最强的抵抗。

白7以下，次序井然，到15构成征子。

由此可知，图六黑2镇是过分的。

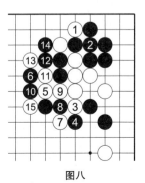

图八

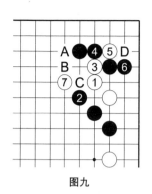

图九

图九 （逸出）

黑2采用这样尖，白3冲后、5断是好手，黑6单立是正着，白7即可逸出。

以后白在A顶是要点，黑方如果先在B尖，白C粘，白也放心了。此后D挡，在右边还有利用。白易下。

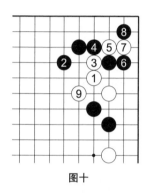

图十

图十 （一策）

黑2尖，也属于自补之列。白3冲、5断，尚留有余味。9再尖出，这样虽算一策，但不如图五常见。

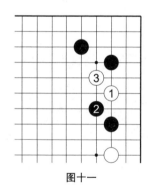

图十一

图十一 （总结）

白1打入，黑2尖是最常见的。这时，白3尖是正着。这不妨概括为："打入拆三后，敌尖我亦尖。自补皆无事，用强可突围。"

第98例　先屈后伸（有段）

问题图

这是二间高夹定式的一型。

白先，应当怎样走呢？
请注意△两子的距离。

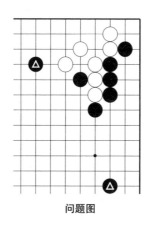

问题图

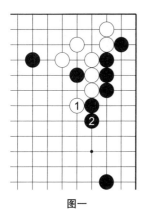

图一

图一　（旧法）

白1扳，黑2长，是旧法。过去高段者都是这样下的。但从棋形看，是凑黑行棋，所以现在白方不这样下了。

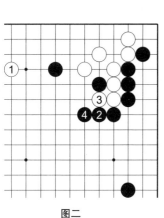

图二

图二　（扑空）

白1夹攻上边，在局部虽是好点，但被黑2长，白3须补，黑4再长，借呼应一子之机，扩张了右边，白攻击扑空。

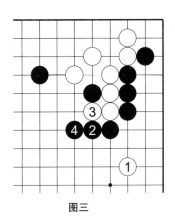

图三

图三 （奔命）

白1在这边打入，过分了，被黑2、4长后，黑甚厚实，白1破空不多，却自成孤子，将疲于奔命。

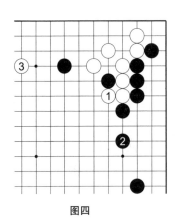

图四

图四 （冷静）

白1自补，冷静之着。瞄着2位的打入。黑2自补，白再在3位攻击，方始有力。是一种高级战术。

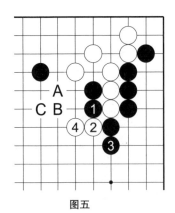

图五

图五 （梶原流）

日本著名九段梶原武雄不愿被白走1位的要点，因此黑先走1位，让白2断，顺手补好3位。

这样先弃两子，使上边有A、B、C等处利用，称为"梶原定式"。

参考此图，便能理解图一白不利。

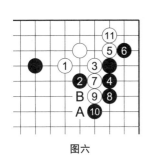

图六

图六 （过程图）

这是本型的过程图，黑在左边必须拆得远些。如果拆得近了，白A扳，黑即重复。黑拆得远了，白B自补是好棋。

这不妨称为："两处可攻宜自补，先屈后伸。"

第99例 题中有题（有段）

问题图

这是一个"梶原定式"。梶原武雄九段在日本有"局部感觉当代第一"之称。

下一步棋白应当怎样下呢? 请注意白有A扳的先手,还有白五子较厚实。

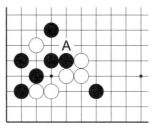

问题图

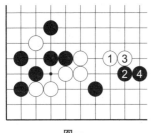

图一

图一 （方向误）

白1跳，虽是常法，但由于没有注意白方五子已厚实的特点。从厚的地方向外走棋，方向错误。

黑2飞起，白3，白大亏。这样下陷于"压四路"的不利处境。

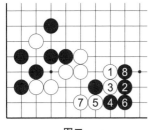

图二

图二 （紧一路）

白1逼紧一路，虽较上图为好，但经黑2跳后，到黑8止，白比较局促，这样仍不是正解。

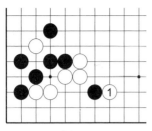

图三

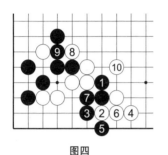

图四

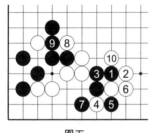

图五

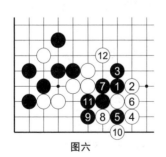

图六

图三 （正解）

白1碰是敏锐的一手，一般不易想到。它巧妙地利用了左方的原形，从反面着子。白1后，黑方应当怎样下？

图四 （被枷吃）

黑1长，分割白棋，是最先想到的。白2扳4虎，好！利用8扳的先手，在10位枷住黑子，黑全灭。

其中3若不扳下，被白连通，黑逃出亦无味。

图五 （异曲同工）

黑1扳，也是常用手段。白2扳，要紧之着。黑3粘时，白4连扳，绝妙！到10时，黑不利。对于黑方与上图"殊途同归"，对白方则是"异曲同工"之妙。

图六 （对跑）

黑1扳后、3退，这时白4虎是有利的，到12时，黑虽切断了白棋，但白方先在下边吃一子后极厚，再向中腹逃出，白头高，有利。

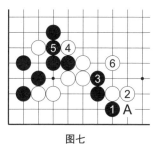

图七

图七 （低位）

黑1下扳，也是对付碰的常用手段。但白2长后，又用上了4扳的先手，白6枷后，黑需在A位爬，即使能活，也处于低位，黑仍不利。

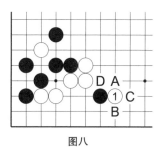

图八

图八 （正解，脱先）

上述各法都不好！那么，到底该怎样下呢?答案是不容易想到的。正解，白脱先，以后伺机而动，保留A、B、C、D种种变化。

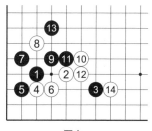

图九

图九 （过程图）

本图是这样形成的。黑小目，白高挂，白8是梶原定式第一个关键，白14是又一关键，到此定式告一段落。

小结：这一例可以总结为，"势厚之时，反面落子；应不好时，不应为上。"

第100例　顾及前后左右（有段)

问题图

中国流布局是近来最流行的布局。它的特点之一是难掌握。左下角是常型之一，你执黑子的话，打算怎样走呢?

请注意白△和黑△的关系。

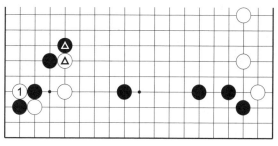

问题图

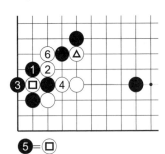

图一

图一 （中计）

黑1打，中计。白2反打后转到6时，黑形破裂。

△一子很生动。

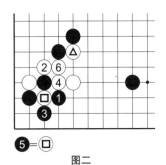

图二

图二 （白优）

黑1打这边，白2亦反打，结果和图一"换汤不换药"。

白6之后，黑阵仍被突破，白优。

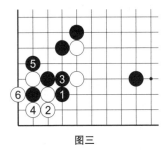

图三

图三 （白误）

黑1打时，白2长，犯"恋子"之忌，到白6后手活一小角，白不利。

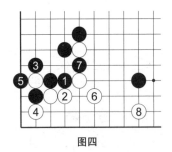

图四

图四 （厚实）

黑1顶、3打，十分平易。但这样下并不坏。白8后，黑相当厚实，这是重视右边的下法，条件是，在黑左边较广阔的情况下，同时右下最好不要是黑空。

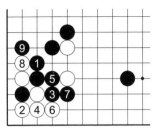

图五

图五　（外势）

　　黑1退，是先屈后伸的好手。到黑9时，黑得厚势，白得实地，这种下法在左边和下边都较宽阔的情况下用，十分有利。

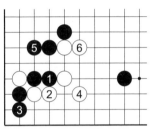

图六

图六　（取地）

　　黑1顶、3长，下法虽巧，但白6长后亦得好形。

　　本图是取实地的下法，虽有人把它当作正解来介绍，但我们觉得，这种下法充其量不过可算"一法"而已，因为黑方得空并不多。

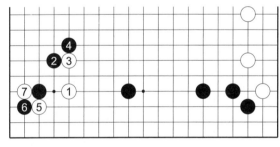

图七

图七　（过程图）

　　白1高挂，黑2是要点。3压后，5、7求腾挪。黑怎样下好，这可叫作"托断腾挪应法难，顾及前后左右"。

图书在版编目（CIP）数据

围棋常型百例 / 沈果孙, 徐荣新编著. —沈阳：辽宁科学技术出版社，2023.2（2024.7 重印）

ISBN 978-7-5591-2864-5

Ⅰ.①围… Ⅱ.①沈… ②徐… Ⅲ.①围棋－基本知识 Ⅳ.①G891.3

中国版本图书馆CIP数据核字（2022）第257581号

出版发行：辽宁科学技术出版社
　　　　　（地址：沈阳市和平区十一纬路25号　邮编：110003）
印 刷 者：辽宁新华印务有限公司
经 销 者：各地新华书店
幅面尺寸：170mm×240mm
印　　张：13.5
字　　数：300千字
印　　数：4001～6000
出版时间：2023年2月第1版
印刷时间：2024年7月第2次印刷
责任编辑：于天文
封面设计：潘国文
责任校对：闻　洋

书　　号：ISBN 978-7-5591-2864-5
定　　价：50.00元

联系电话：024-23284740
邮购热线：024-23284502
E-mail:mozi4888@126.com
http://www.lnkj.com.cn